CB136220

Escrever bem com gramática

Laiz Barbosa de Carvalho

2

Editora Saraiva

Dados Internacionais de Catalogação na Publicação (CIP)
(Câmara Brasileira do Livro, SP, Brasil)

Carvalho, Laiz Barbosa de
Escrever bem com gramática, 2º ano / Laiz Barbosa de Carvalho. -- 4. ed. -- São Paulo : Saraiva, 2016.

1. Português - Gramática (Ensino fundamental)
I. Título.

16-07867 CDD-372.61

Índices para catálogo sistemático:

1. Gramática : Português : Ensino fundamental
372.61

ISBN 978-85-472-1329-9 (aluno)
ISBN 978-85-472-1330-5 (professor)

Editoras responsáveis	Alice Silvestre, Camila de Pieri Fernandes
Editoras	Marina Sandron Lupinetti, Miriam Mayumi Nakamura, Tatiane Godoy, Thaís Albieri, Vanessa Batista Pinto
Gerente de produção editorial	Ricardo de Gan Braga
Gerente de revisão	Hélia de Jesus Gonsaga
Revisores	Kátia Scaff Marques (coord.), Rosângela Muricy (coord.), Heloísa Schiavo, Larissa Vazquez, Luciana Azevedo, Patricia Cordeiro
Controle de fluxo e produção editorial	Paula Godo, Roseli Said
Supervisor de iconografia	Sílvio Kligin
Coordenador de iconografia	Cristina Akisino
Pesquisa iconográfica	Daniela Maria Ribeiro
Licenciamento de textos	Paula Claro
Design	Bonifácio Estúdio
Capa	Erika Tiemi Yamauchi Asato, com ilustração de Adilson Farias
Edição de arte	Tomiko C. Suguita
Diagramação	Bonifácio Estúdio, JS Design, Nicola Loi
Assistente de arte	Jacqueline Ortolan
Ilustrações	Adolar, Alan Carvalho, Alexandre Benites, Alexandre Matos, André Valle, Biry Sarkis, Carolina Sartório, Cibele Queiroz, Clarissa França, Daniel Ferreira, Dawidson França, Diego Munhoz, Edde Wagner, Edson Farias, Estúdio Brambilla, Estúdio Chanceler, Estúdio Lab 307, Estúdio Mil, Felipe Camêlo, Giz de Cera, Hélio Senatore, Ideário LAB, Ilustra Cartoon, Imaginário Studio, Jefferson Galdino, Kanton, Lettera Studio, Lie A. Kobayashi, Luiz Augusto Ribeiro, Mathias Townsend, Nid Arts, Paulo Cesar Pereira, Paulo Manzi, Petra Elster, Roberto Weigand, Quanta Estúdio, Vanessa Alexandre, Vicente Mendonça, Waldomiro Neto, Wilson Jorge Filho
Tratamento de imagens	Cesar Wolf, Fernanda Crevin
Código da obra	CL 800726
CAE	609942 (AL)
CAE	609943 (PR)
Impressão e acabamento	Log&Print Gráfica e Logística S.A.

Editora Saraiva

SAC | 0800-0117875
De 2ª a 6ª, das 8h às 18h
www.editorasaraiva.com.br/contato

Avenida das Nações Unidas, 7221 – 1º andar – Setor C – Pinheiros – CEP 05425-902

CARTA AO ALUNO

Caro aluno,

Este livro é dedicado a você e foi feito para ajudá-lo em seu dia a dia, colaborando para que conheça e domine cada vez mais a Língua Portuguesa.

Nele você vai conhecer informações novas, ler textos interessantes e atuais que circulam em meios impressos ou no mundo digital e realizar diversas atividades que vão motivá-lo a refletir sobre nossa língua.

Com este livro, você vai perceber também que é possível aprender de forma divertida, decifrando charadas, desvendando enigmas ou desenvolvendo brincadeiras e jogos que possibilitam aplicar os novos conhecimentos.

Essas propostas foram elaboradas para que você leia, escreva e se comunique cada vez melhor.

Laiz Barbosa de Carvalho

ORGANIZAÇÃO DO LIVRO

ABERTURA

15 AUMENTATIVO E DIMINUTIVO

Observe a figura.

Os nomes dos animais que ficaram em 1º e 3º lugar no concurso indicam tamanho.

Observe.

cachorrinho → cachorro + -inho → diminutivo

cachorrão → cachorro + -ão → aumentativo

Nessas palavras, a terminação -inho indica tamanho pequeno e a terminação -ão indica tamanho grande.

CONCLUA!

As palavras com a terminação -inho indicam diminutivo e as palavras com terminação -ão indicam ________.

1. Quem ficou em primeiro lugar no concurso?

2. Quem ficou em terceiro lugar no concurso?

3. Compare os animais da cena. O cachorro vencedor tem:

tamanho grande.

tamanho médio.

tamanho pequeno.

ATIVIDADES

1. Escreva o diminutivo e o aumentativo destes nomes de animais.

cavalo

coruja

formiga

4. Pinte as terminações do diminutivo de vermelho e as do aumentativo de azul.

168 169

Textos para leitura e atividades de compreensão.

ATIVIDADES

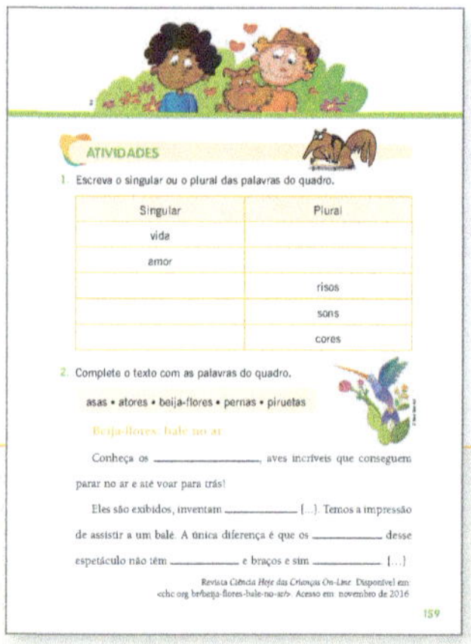
ATIVIDADES

1. Escreva o singular ou o plural das palavras do quadro.

Singular	Plural
vida	
amor	
	risos
	sons
	cores

2. Complete o texto com as palavras do quadro.

asas • atores • beija-flores • penas • piruetas

159

Atividades sobre o assunto estudado no capítulo.

PARA ESCREVER MELHOR

PARA ESCREVER MELHOR

Observe esta página de um diário e escreva o nome dos animais.

198

Seção para você exercitar a ortografia e a escrita correta das palavras.

CONCLUA!

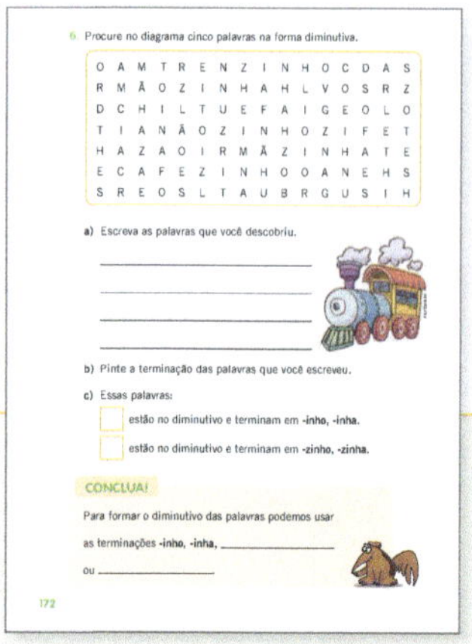
6. Procure no diagrama cinco palavras na forma diminutiva.

a) Escreva as palavras que você descobriu.

b) Pinte a terminação das palavras que você escreveu.

c) Essas palavras:

estão no diminutivo e terminam em -inho, -inha.

estão no diminutivo e terminam em -zinho, -zinha.

CONCLUA!

Para formar o diminutivo das palavras podemos usar as terminações -inho, -inha, ________ ou ________.

172

Boxe para você verificar e registrar o que aprendeu.

REVISÃO

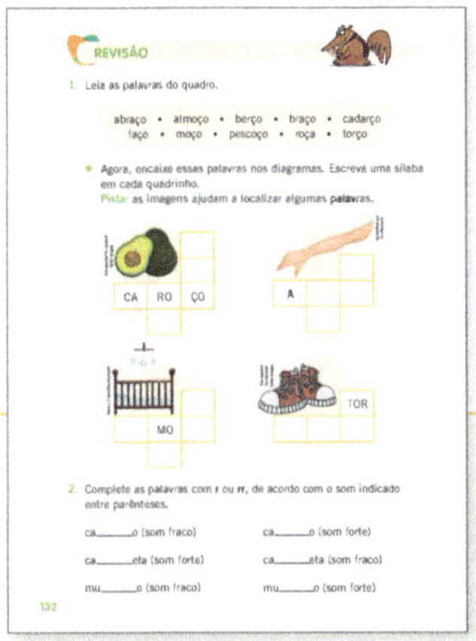

Momento de você rever o que já aprendeu.

DIVERTIDAMENTE

Atividades divertidas para fixar o que você sabe.

EURECA!

Desafios para você resolver e se divertir!

DE OLHO NA LÍNGUA

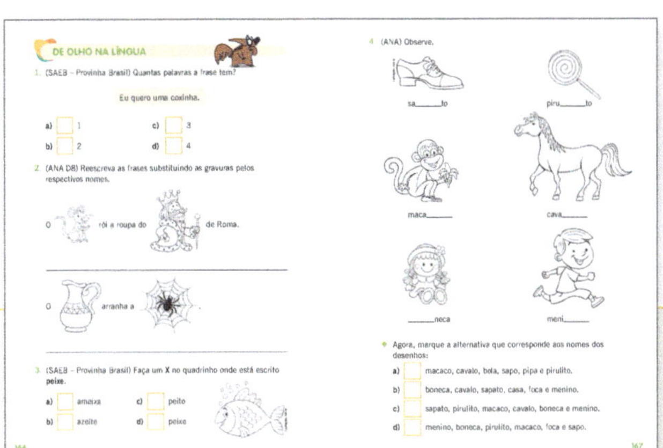

Atividades de múltipla escolha dos principais sistemas de avaliação de rendimento escolar.

SUMÁRIO

1 AS LETRAS E O ALFABETO

Leia o poema em voz alta.

Um bichinho diferente

Era uma vez
Um bichinho diferente
Ele era muito esperto
E também inteligente.

Tinha 26 patinhas
Cada qual com uma letrinha
E por onde ele passava
Nascia uma palavrinha.

O nome dele eu não sabia
Ainda bem que descobri
— Alfabeto! — ele disse
E eu nunca mais esqueci.

Bis

Priscila Ramos de Azevedo. *Poemas livres*. São Paulo: EPN, 2001.

1. De qual bichinho trata o poema? ______________________

2. Observe as letras do nome do bichinho e escreva as que faltam.

A L F A B E T O

letra __ letra L letra __ letra A letra B letra __ letra T letra __

Para escrever o nome do bichinho e as outras palavras que você leu, foram usadas muitas letras. O conjunto das letras de uma língua é chamado **alfabeto**.

No alfabeto, as letras seguem sempre a mesma ordem.

Veja os quadros com todas as letras da Língua Portuguesa.

LETRAS MAIÚSCULAS

A	B	C	D	E	F	G	H	I	J	K	L	M
N	O	P	Q	R	S	T	U	V	W	X	Y	Z

A	B	C	D	E	F	G	H	I	J	K	L	M
N	O	P	Q	R	S	T	U	V	W	X	Y	Z

letras minúsculas

a	b	c	d	e	f	g	h	i	j	k	l	m
n	o	p	q	r	s	t	u	v	w	x	y	z

a	b	c	d	e	f	g	h	i	j	k	l	m
n	o	p	q	r	s	t	u	v	w	x	y	z

A A
a a

- No poema, o bichinho Alfabeto tem 26 patas. Conte, no quadro das letras maiúsculas ou minúsculas, quantas letras aparecem.

CONCLUA!

O alfabeto da Língua Portuguesa é formado por _____ letras.

ATIVIDADES

1. Releia o poema e complete as frases.

   a) A letra inicial do nome do bichinho diferente é ________.

   b) A letra inicial da palavra **bichinho** é ________.

   - A palavra **alfabeto** tem:

     ☐ duas letras. ☐ quatro letras. ☐ oito letras.

2. Qual é a primeira letra do seu nome? E a do seu sobrenome?

   ____

3. No primeiro quadro, circule as letras que aparecem em seu nome e, no segundo, as letras de seu sobrenome.

A	B	C	D	E	F	G	H	I	J	K	L	M
N	O	P	Q	R	S	T	U	V	W	X	Y	Z

A	B	C	D	E	F	G	H	I	J	K	L	M
N	O	P	Q	R	S	T	U	V	W	X	Y	Z

- Faça um desenho que represente você. Depois, escreva seu nome e sobrenome na plaquinha.

4. Escreva para cada criança um nome que comece com a letra do alfabeto que ela segura.

Ilustrações: Cibele Queiroz

______________ ______________ ______________

______________ ______________ ______________

5. Leia estes versos.

Desmancha-prazeres

O tubarão assanhado
Invadiu a festa das sardinhas.
Coitadinhas!
Voltaram correndo
Pras latinhas
Do supermercado.

Almir Correia. *Poemas sapecas, rimas traquinas*. São Paulo: Formato, 2014.

Cibele Queiroz

a) Pinte a primeira letra de cada verso.

b) Escreva as letras que você pintou na ordem em que elas aparecem no alfabeto.

____

6. Pinte os animais abaixo.

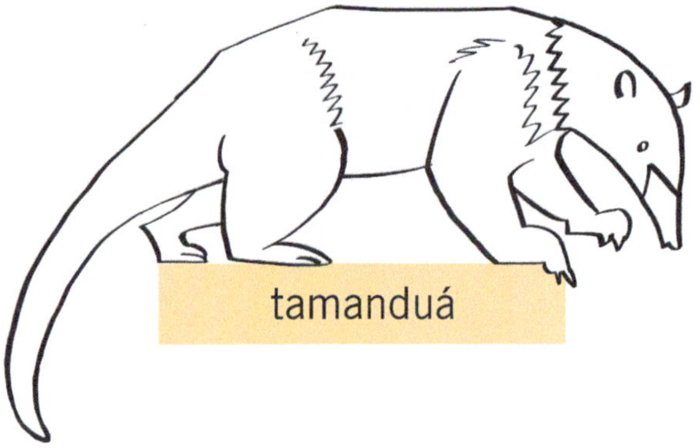

Ilustrações: Bis

◆ Agora, escreva os nomes desses animais de acordo com a letra inicial de cada um.

O	______________________
P	______________________
S	______________________
T	______________________

7. Escreva o nome das suas quatro frutas preferidas.

____

____

Cibele Queiroz

a) Faça um círculo na letra inicial do nome de cada fruta.

b) Agora, escreva o nome dessas frutas seguindo a ordem do alfabeto.

____

____

____

c) Escreva nos quadrinhos pintados as letras que você circulou. Nos outros dois, escreva as letras que vêm antes e depois delas no alfabeto.

8. Complete os quadros com as letras do alfabeto na ordem correta.

ALFABETO EM LETRA MAIÚSCULA

A		C					H			K	L	
					S				W			

alfabeto em letra minúscula

			d									m
n	o						u					

PARA ESCREVER MELHOR

ORTOGRAFIA: **D** E **T**

Leia em voz alta este trava-língua.

Cibele Queiroz

— Alô, o tatu taí?

— Não, o tatu não tá, mas a tia do tatu tá. E quando a tia do tatu tá e o tatu não tá, é o mesmo que o tatu tá. Tá?

Trava-língua popular.

1. Escreva no quadro as palavras do trava-língua que têm a letra **t**.

Palavras que têm a letra **t**

2. Troque a letra **t** pela letra **d** e forme outras palavras.

taí ____________________ teto ____________________

tá ____________________ lenta ____________________

tia ____________________ manto ____________________

◆ As palavras formadas:

☐ têm o mesmo significado das anteriores.

☐ têm significados diferentes.

3. Leia este outro trava-língua.

Aos domingos
Seu Domingos
Deixa as dívidas,
Deixa as dúvidas
E se diverte
Com dados
E dominós.

Elias José. *ABC do trava-língua*. São Paulo: Ed. Lê, 2012.

a) Pinte a letra **d** nas palavras do trava-língua.

b) Complete as palavras da primeira coluna de acordo com o trava-língua. Depois, escreva os versos.

Complete	Escreva
Aos ____omingos	
Seu ____omingos	
____eixa as ____ívi____as,	
____eixa as ____úvi____as	
e se ____iverte	
com ____a____os	
e ____ominós.	

4. Troque o **d** pelo **t** e escreva a palavra que se formou.

quando ____________________ dela ____________________

dia ____________________ gado ____________________

anda ____________________ venda ____________________

CONCLUA!

A troca de uma letra por outra:

☐ forma outra palavra, com outro significado.

☐ forma outra palavra, com o mesmo significado.

5. Escreva o nome dos animais que aparecem nas imagens.

Luciano Queiroz/Shutterstock

Keydisc/Keystone

hironai/Shutterstock

a) Quais deles vivem nas florestas?

____

b) Qual vive no mar?

____

c) Circule a letra inicial de cada um dos nomes dos animais.

6. Descubra que animal é este e escreva seu nome.
Pista: o nome começa com a letra **d**.

> Habitava a terra milhões de anos atrás. A maioria se alimentava de plantas e insetos, mas havia também espécies carnívoras.
>
> Muitos pesavam toneladas. Seu nome é ____________________.

a) Pinte a letra inicial do nome desse animal.

b) Marque os nomes de animais que têm essa mesma letra inicial.

☐ dromedário ☐ touro ☐ dourado ☐ tigre

7. Leia os avisos e circule as palavras em que aparecem as letras **d** e **t**.

a) Deixe a porta fechada.

b) Cuidado com o degrau.

c) Hoje haverá mudança das dez às doze horas.

EURECA!

◆ **Desafio:** quantas palavras você consegue escrever usando estas letras?

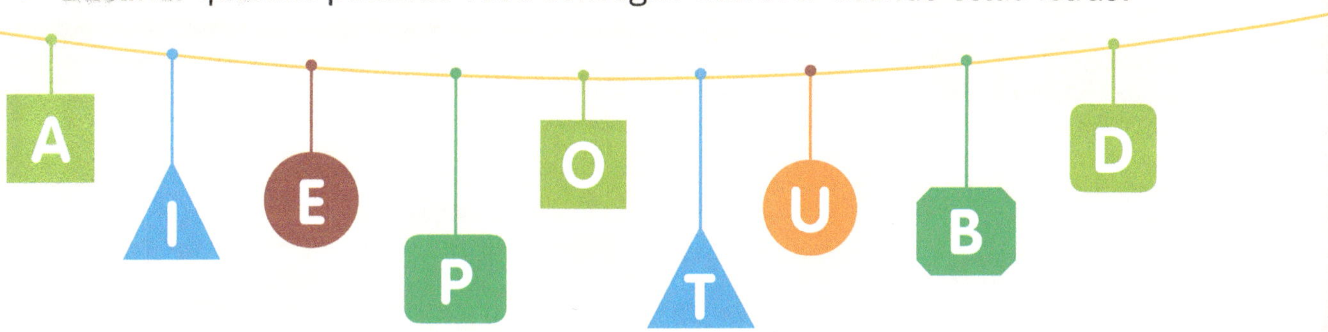

a) Escreva abaixo as palavras que você formou.

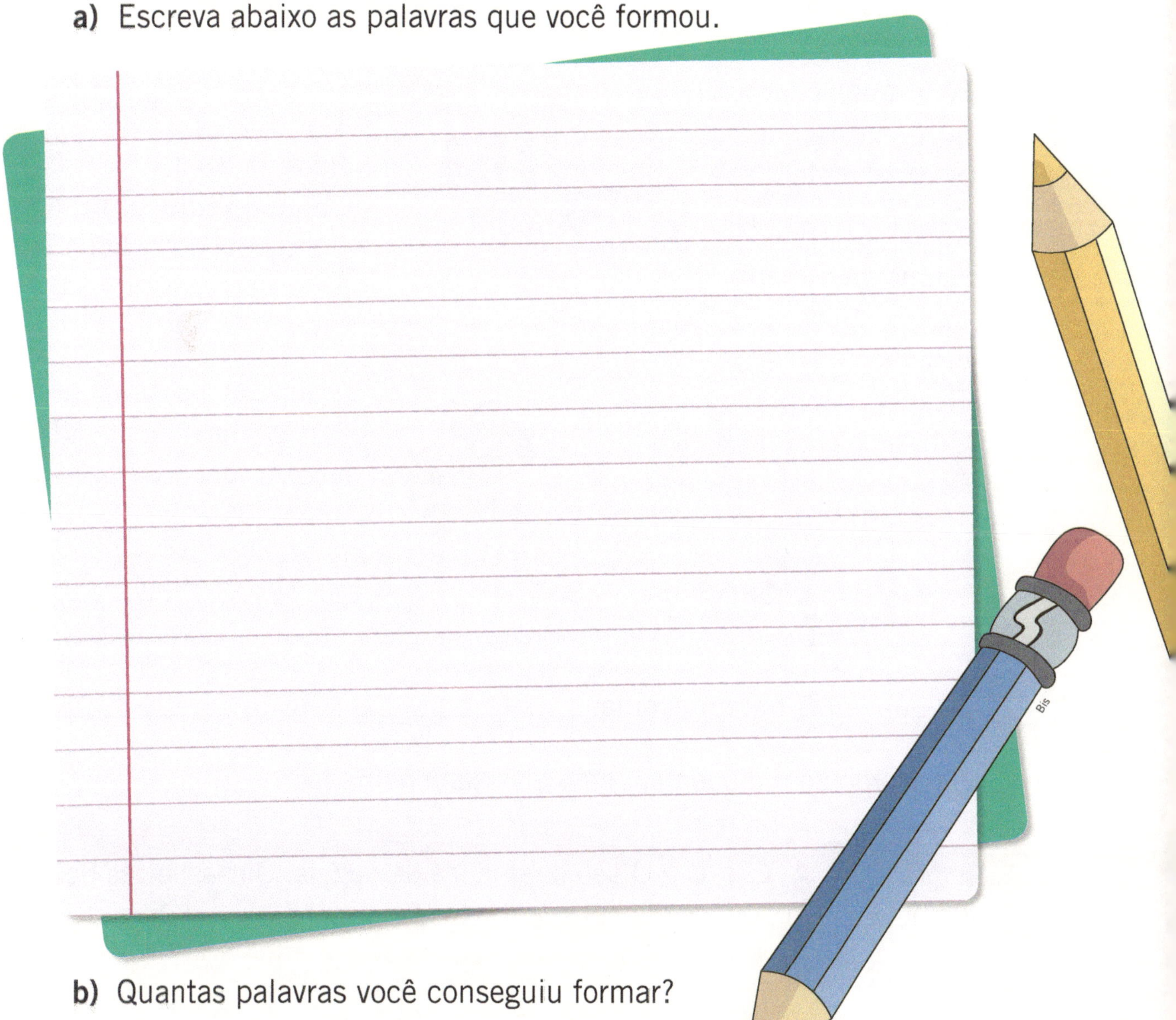

b) Quantas palavras você conseguiu formar?

Eu formei ______ palavras.

2 VOGAIS E CONSOANTES

Leia este poema.

Cantando com as vogais

Ah! Lá vem o "A",
Bate o pé, chegou o "E",
Palmas para o "I".
Pó termina com "O",
Sapo-cururu
No final tem "U".

A, E, I, O, U,
Na, ne, ni, no, nu,
Quem não veste roupa
Fica nu.
Ficar nu não pode,
Olha só a cara do bode
Depois do susto que levou.

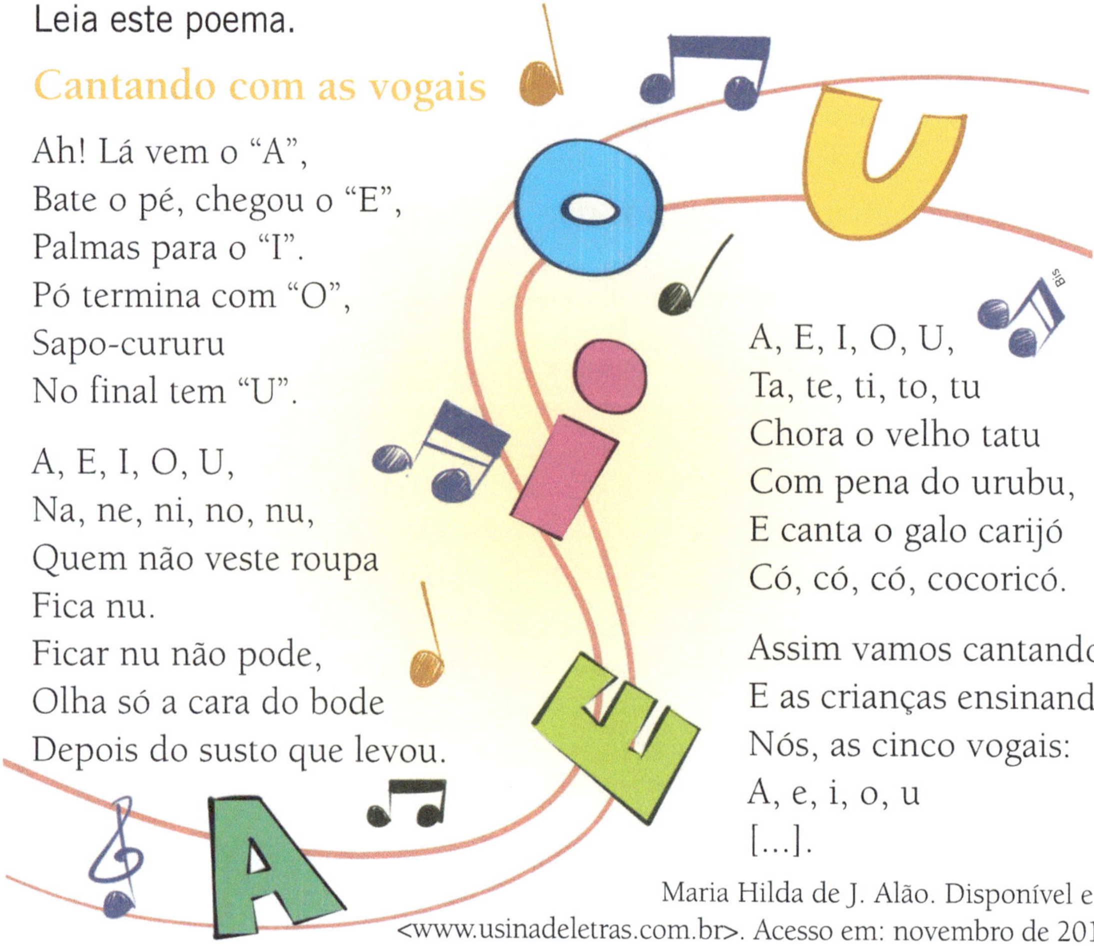

A, E, I, O, U,
Ta, te, ti, to, tu
Chora o velho tatu
Com pena do urubu,
E canta o galo carijó
Có, có, có, cocoricó.

Assim vamos cantando
E as crianças ensinando,
Nós, as cinco vogais:
A, e, i, o, u
[...].

Maria Hilda de J. Alão. Disponível em: <www.usinadeletras.com.br>. Acesso em: novembro de 2016.

1. De que letras trata o poema? ______________________

2. De acordo com o poema, como elas são chamadas? ______________

As letras **A**, **E**, **I**, **O** e **U** são chamadas de **vogais**. Outras letras do alfabeto são chamadas de **consoantes**. Veja:

S A P O

consoante vogal consoante vogal

Bis

ATIVIDADES

1. Escreva no quadro o nome dos animais de acordo com a letra inicial de cada um.

onça

urso

iguana

ema

avestruz

elefante

ovelha

aranha

urubu

arara

Ilustrações: Cibele Queiroz

A a	
E e	
I i	
O o	
U u	

2. Pinte os animais que têm o nome iniciado pela letra **h**.

rinoceronte

hipopótamo

Ilustrações: Cibele Queiroz

anta

hiena

◆ Leia em voz alta os nomes dos animais que você pintou e preste atenção na pronúncia da letra **h**.

Nessas palavras, você:

☐ fala a letra **h**. ☐ não fala a letra **h**.

3. Ligue os pontos seguindo a ordem das consoantes no alfabeto e descubra a figura desenhada.

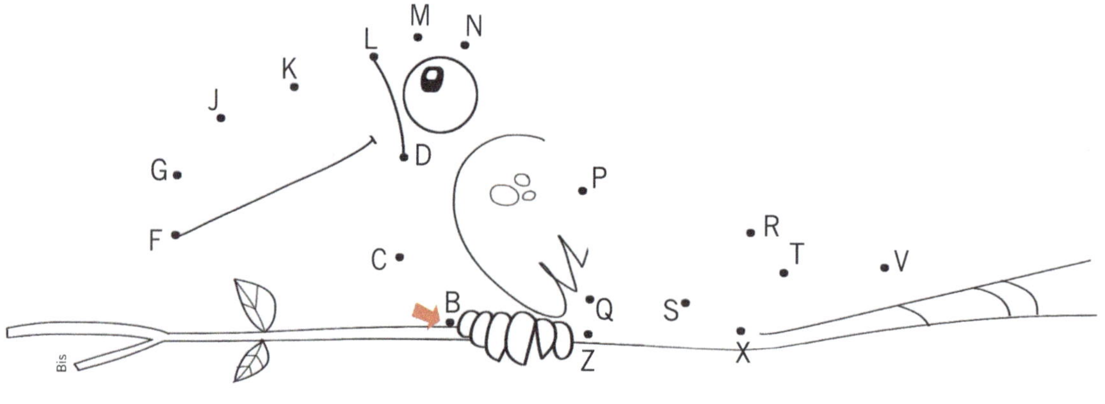

◆ Que figura você descobriu? Escreva o nome e circule as consoantes dessa palavra.

____

4. Escreva os nomes dos insetos dos desenhos e descubra informações curiosas sobre esses bichos.

Ilustrações: Cibele Queiroz

a) A 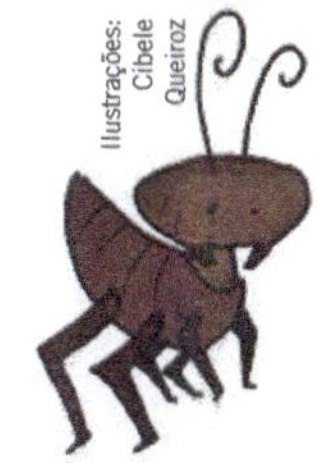 ____________________ é capaz de levantar qualquer coisa que tenha até 50 vezes o seu peso.

b) A  ____________________ existe há 320 milhões de anos.

c) Uma  ____________________ produz 5 gramas de mel por ano.

d) Um  ____________________ macho vive, em média, 8 ou 9 dias.

O guia dos curiosos, de Marcelo Duarte.
Disponível em: <http://guiadoscuriosos.ig.com.br>.
Acesso em: novembro de 2016.

5. Dos nomes que você escreveu na atividade **4**, qual é o único que começa com vogal?

____

a) Quais são as consoantes iniciais dos outros nomes?

____

b) Escreva as iniciais dos nomes em ordem alfabética.

____

Você gosta de ler informações sobre aves? Leia algumas curiosidades sobre o pato.

Os patos alimentam-se de vegetais, moluscos e pequenos invertebrados e algumas espécies são aves migratórias. [...] Na maioria das espécies, os machos têm a cor das penas mais vistosa.

Disponível em: <www.ninha.bio.br/biologia/pato.html>. Acesso em: novembro de 2016.

Vasilii Aleksandrov/Shutterstock

1. Escreva o nome da ave que aparece no texto. ______________________

a) Pinte a primeira letra do nome.

PATO

b) Troque a letra que você pintou pela letra **b**. Que palavra se formou? ______________________

2. Vamos trocar letras e formar outras palavras? Siga os exemplos.

bule	→	**p**ule
pomba	→	**b**omba

Ilustrações: Cibele Queiroz

banda ______________________ **p**ote ______________________

em**p**urrar ______________________ so**b**ra ______________________

◆ Observe as palavras que você formou. Compare cada uma delas com a que já estava escrita. Depois, leia os pares em voz alta.

3. Circule no diagrama oito palavras escritas com as letras **p** e **b**.

Ilustrações: Cibele Queiroz

C	A	S	M	O	E	T	R	C	O	T
A	V	R	L	A	B	O	P	I	C	B
P	A	T	A	T	P	W	I	C	A	A
P	E	T	E	C	A	B	Ã	R	P	O
V	E	B	O	T	Ã	O	O	E	A	M
C	A	O	A	L	O	E	T	P	W	U
B	A	L	A	N	Q	É	B	R	A	T
R	A	O	L	O	B	O	P	V	U	S
R	E	M	A	Q	C	O	D	U	B	I

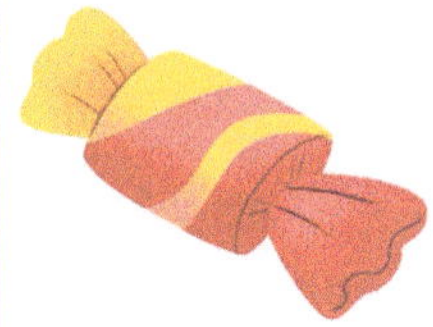

a) Escreva nos quadros correspondentes as palavras que você encontrou no diagrama.

Palavras com **b**	Palavras com **p**
__________	__________
__________	__________
__________	__________
__________	__________

b) Agora, escreva mais duas palavras com **b** e duas com **p**.

____

4. Ligue cada figura ao nome correspondente. Depois, pinte os desenhos.

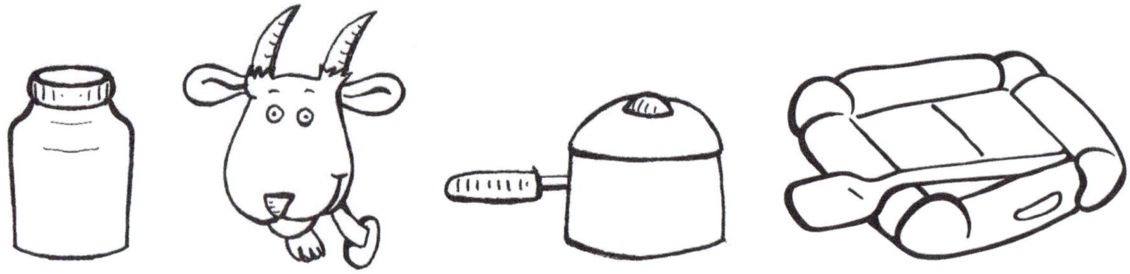

Ilustrações: Cibele Queiroz

bote panela pote bode

a) Escreva para cada pista o nome de uma figura que você pintou.

Animal que come grama. ______________________________

Nela se prepara a comida. ______________________________

Pequeno barco. ______________________________

Serve para guardar alimentos ou objetos. ______________________________

b) Agora, complete as frases de acordo com as palavras que você escreveu.

- Escrevem-se com **p** inicial as palavras ____________________ e ____________________.
- Escrevem-se com **b** inicial as palavras ____________________ e ____________________.

5. Indique o caminho correto para levar o piloto à chegada.

a) Pinte a primeira letra das palavras por onde o piloto passou.

b) Agora, organize nos quadros as palavras da pista de corrida.

Palavras do caminho do piloto	Palavras fora do caminho do piloto
____________	____________
____________	____________
____________	____________

c) Complete as frases.

- No caminho do piloto, havia palavras iniciadas pela consoante ______.
- Fora do caminho, havia palavras iniciadas pela consoante ______.

6. Complete os quadrinhos com **p** ou **b**.

O ☐ato ☐ica.

O ☐ernilongo ☐ica.

A ☐ulga ☐ica.

A ☐om☐a ☐ica.

A a☐elha ☐ica.

O ☐eru ☐ica.

O ☐ercevejo ☐ica.

Ilustrações: Cibele Queiroz

a) Escreva no quadro os nomes de animais seguindo a ordem em que eles aparecem no texto.

Nomes de animais

b) Qual é o único nome de animal que não começa com a consoante **p**?

____

c) Escreva a letra com que esse nome começa: ______

- Essa letra é uma: ☐ vogal. ☐ consoante.

EURECA!

◆ Decifre cada adivinha e complete a resposta com as letras que faltam.

O que é que não se come, mas é bom para comer?

[ ]s t[ ]lh[ ]r[ ]s.

O que é que atravessa um rio e não se molha?

A [ ]o[ ][ ]e.

O que é que tem coroa, mas não é rei, tem raiz, mas não é árvore?

[ ] d[ ]nt[ ].

Qual é a letra que pode ver as outras?

A l[ ]t[ ][ ] [ ].

Ilustrações: Cibele Queiroz

O que é que quanto mais se tira mais se tem?

As f[ ]t[ ]g[ ][ ]f[ ][ ]s.

O que é que o ovo tem no meio?

A l[ ]t[ ][ ] [ ].

3 SÍLABA

Leia este cartaz.

Prefeitura de Iguaba Grande – RJ

1. Esse cartaz:

☐ informa como descartar o lixo eletrônico.

☐ informa para onde vai o lixo eletrônico.

☐ conta a história do lixo eletrônico.

2. Agora, releia a palavra **lixo** em voz alta.

◆ Quantas vezes você movimentou a boca para falar essa palavra?

____

Para falar a palavra **lixo**, movimentamos a boca duas vezes. Cada parte da palavra que falamos separadamente recebe o nome de **sílaba**. Portanto, a palavra **lixo** tem duas sílabas.

Veja outras palavras do cartaz que têm duas sílabas.

vo-cê • fa-zer • pi-lhas • cen-tro

3. Leia em voz alta estas outras palavras do cartaz.

não • sede • celulares

◆ Agora, complete estas frases.

a) Para falar **não** eu movimentei a boca _______________ vez, portanto essa palavra tem _______________ sílaba.

b) Para falar **sede** eu movimentei a boca _______________ vezes, portanto essa palavra tem _______________ sílabas.

c) Para falar **celulares**, _______________ vezes, portanto essa palavra tem _______________ sílabas.

ATIVIDADES

1. Complete as colunas seguindo o exemplo.

Palavras	Separação em sílabas	Quantidade de sílabas
lixo	li-xo	2
não		
centro		
fazer		
perceber		
ambiente		

2. Leia esta frase e observe as palavras destacadas.

O maior erro **foi você** não **entender que orgânicos** e eletrônicos **são lixos**.

a) Agora, escreva as palavras destacadas, de acordo com o número de sílabas de cada uma.

uma sílaba ______________________

duas sílabas ______________________

três sílabas ______________________

quatro sílabas ______________________

b) Quantas sílabas tem a maioria dessas palavras?

☐ uma ☐ duas ☐ três ☐ quatro

3. Escreva o nome destes aparelhos eletrônicos. Depois, indique a quantidade de sílabas de cada nome.

Ilustrações: Quanta Estúdio

______________ ☐ ______________ ☐ ______________ ☐

4. Observe as letras destacadas, junte as sílabas e escreva as palavras.

a) pi-**lh**a

____

b) a-pa-re-**lh**o

____

c) com-pa-**nh**i-a

____

d) **ch**um-bo

____

e) te-**nh**am

____

CONCLUA!

Na separação de sílabas, as letras **lh**, **ch** e **nh** ficam:

☐ em sílabas separadas.

☐ na mesma sílaba.

5. Separe as palavras dos quadros em sílabas.

Palavras com **rr**	
carro	
carroça	
amarrar	
macarrão	
ferro	

Palavras com **ss**	
pêssego	
pássaro	
passeio	
assado	
massa	

CONCLUA!

Na separação de sílabas, as letras **rr** e **ss** ficam:

☐ em sílabas separadas. ☐ na mesma sílaba.

6. Escolha a palavra mais adequada de cada quadro e complete a frase a seguir.
Pista: siga o número de sílabas indicado em cada lacuna.

Palavras de **duas** sílabas
lixo • casa

Palavras de **três** sílabas
plástico • celular

Palavras de **quatro** sílabas ou mais
computador • eletrônico

Ilustra Cartoon

◆ O ______________ é ______________ ______________ .

(3 sílabas) (2 sílabas) (4 ou mais sílabas)

PARA ESCREVER MELHOR

ORTOGRAFIA: **F** E **V**

Leia estes provérbios. Nos parênteses, aparece o nome do estado onde eles são mais conhecidos. Você já ouviu algum deles?

Faça o que eu digo, mas não faça o que eu faço.

(Rio de Janeiro)

Falar é fácil, fazer é que é difícil.

(Goiás)

Vara sem isca, peixe não belisca.

(Rio Grande do Norte)

Vassoura atrás da porta afasta visita chata.

(Rio de Janeiro)

1. Nos provérbios, pinte as letras **f** de vermelho e as letras **v** de azul.
   - Agora, escreva cada uma dessas palavras no quadro correspondente.

Palavras com a letra **f**	Palavras com a letra **v**

2. Troque a letra **v** pela letra **f** e forme outras palavras.

Ilustrações: Cibele Queiroz

vala ______________________

voto ______________________

vila ______________________

valsa ______________________

vim ______________________

vaca ______________________

◆ Nessas trocas, as palavras formadas:

☐ têm o mesmo significado das anteriores.

☐ têm significados diferentes das anteriores.

3. Ligue os grupos de palavras para formar conjuntos com sentido.

filé com fritas	bem fácil
um sorvete	para salada
uma tarefa	de frutas vermelhas
verduras frescas	no almoço

a) Pinte as letras **f** de vermelho e as letras **v** de azul.

b) Escolha um dos conjuntos que você formou e escreva uma frase com ele.

____

____

4. Complete os quadrinhos com **fa**, **fe**, **fi**, **fo**, **fu** ou **va**, **ve**, **vi**, **vo**, de acordo com as figuras.

a)

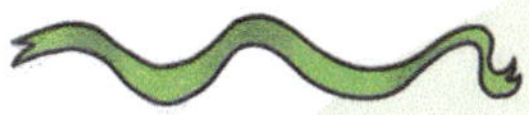

____	TA

____	MA	ÇA

____	CA

Ilustrações: Cibele Queiroz

◆ Essas palavras escrevem-se com:

☐ a letra **f**. ☐ a letra **v**.

b)

NA	____	O

____	SO

NO	____

◆ Essas palavras escrevem-se com:

☐ a letra **f**. ☐ a letra **v**.

5. Leia rapidamente este trava-língua.

Waldomiro Neto

Farofa feita com muita farinha fofa fez uma fofoca feia!

Trava-língua popular.

◆ Descubra três outras palavras trocando a letra **f** pela letra **v** em três palavras do trava-língua.

____

____

6. Vamos "pescar"? Encontre e pinte as palavras escritas com a letra **f** e com a letra **v**.

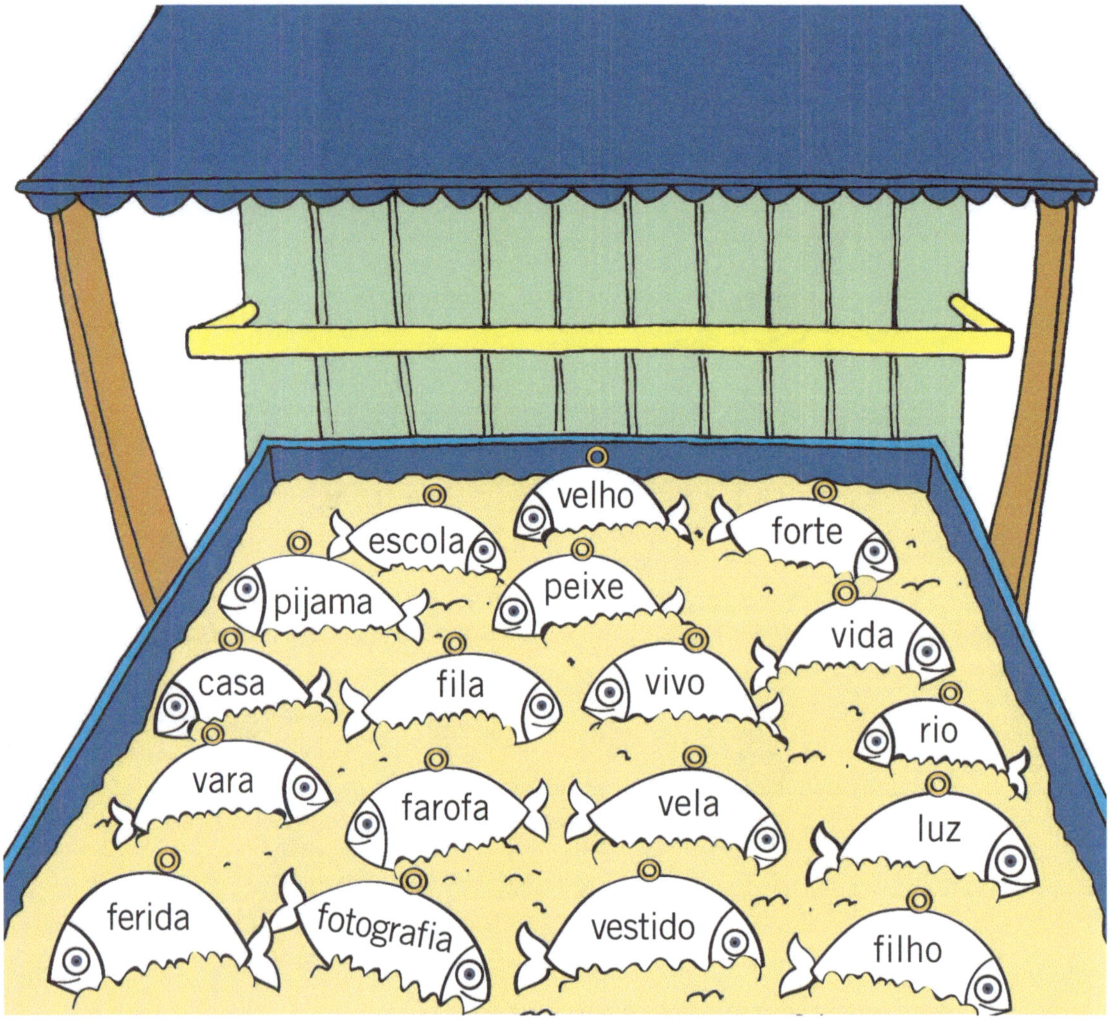

Cibele Queiroz

a) Quantas palavras escritas com a letra **v** você encontrou?

___

b) E com a letra **f**?

___

c) Escolha algumas palavras das que você encontrou e escreva uma frase.

___

___

EURECA!

◆ **Desafio:** descubra o animal de cada grupo!

Os alunos do 2º ano se organizaram em quatro grupos para uma pesquisa. Cada grupo pesquisou informações sobre um dos animais abaixo.

Tigre

Thinkstock/Getty Images

Nome científico: *Panthera tigris.*
Alimentação: carnívoro.
Tamanho: altura de 90 a 100 cm; comprimento de 1,42 a 2,60 m.
Peso: 130 a 320 kg.
Tempo de vida: em média 20 anos.

GRUPO ☐

Elefante

John Michael Evan Potter/Shutterstock

Nome científico: *Loxodonta africana / Loxodonta cyclotis.*
Alimentação: herbívoro.
Tamanho: altura varia de 3 a 4 metros.
Peso: em média 7 500 kg.
Tempo de vida: em média 60 a 70 anos.

GRUPO ☐

Dromedário

Pichugin Dmitry/Shutterstock

Nome científico: *Camelus dromedarius.*
Alimentação: herbívoro.
Tamanho: pode atingir 3 m.
Peso: máximo de 21 kg.
Tempo de vida: 50 anos.

GRUPO ☐

Ornitorrinco

David Watts/Visuals Unlimited/Corbis/Fotoarena

Nome científico: *Ornithorhynchus anatinus.*
Alimentação: vermes, girinos, moluscos, crustáceos, peixes e insetos.
Tamanho: chega a 60 cm considerando a cauda.
Peso: cerca de 1,7 kg.
Tempo de vida: até 15 anos.

GRUPO ☐

Disponível em: <http://www.zoologico.sp.gov.br>. Acesso em: setembro de 2016.

◆ Que animal cada grupo escolheu? Indique o número do grupo no quadrinho correspondente.

Pista: observe o número de sílabas de cada palavra.

- O grupo 1 pesquisou sobre o animal cujo nome tem quatro sílabas.
- O nome do animal do grupo 2 tem cinco sílabas.
- O grupo 3 pesquisou sobre o animal que é herbívoro. O nome do animal tem a sílaba **te**.
- Na pesquisa, o grupo 4 descobriu que o animal vive mais de 15 anos. Ele pesa de 130 a 320 kg e seu nome tem duas sílabas.

4 ENCONTROS VOCÁLICOS – DIVISÃO SILÁBICA

Parlendas são divertidas. Leia esta.

Um, dois,
feijão com arroz.
Três, quatro,
feijão no prato.
Cinco, seis,
bolo inglês.
Sete, oito,
comer biscoito.
Nove, dez,
comer pastéis.

Parlenda popular.

1. Que nomes de alimentos aparecem na parlenda?

____

2. Observe as letras destacadas nestas palavras da parlenda.

d**oi**s • past**éi**s

◆ Você sabe como se chama o som de vogal em uma palavra?

____

O encontro de dois ou mais sons vocálicos na mesma palavra recebe o nome de **encontro vocálico**.

d**oi**s → encontro vocálico ← past**éi**s

Veja outras palavras com encontro vocálico.

lim**ão** • l**ei**te • am**ei**xa • melanc**ia**

3. Escreva nos quadros as palavras da parlenda que apresentam encontros vocálicos.

◆ Agora, pinte todos os encontros vocálicos das palavras que você escreveu.

4. Releia estas palavras da parlenda e observe a separação de sílabas.

biscoito – bis-c**oi**-to • pastéis – pas-t**éi**s

◆ Na separação das sílabas, os sons vocálicos ficaram:

☐ na mesma sílaba. ☐ em sílabas separadas.

5. Agora, observe a separação de sílabas destas palavras.

melancia – me-lan-c**i**-**a** • padar**ia** – pa-da-r**i**-**a**

◆ Na separação das sílabas, os sons vocálicos ficaram:

☐ na mesma sílaba. ☐ em sílabas separadas.

CONCLUA!

Os encontros vocálicos podem aparecer na mesma sílaba ou em sílabas ______________________.

ATIVIDADES

1. Leia as palavras do quadro e circule os encontros vocálicos que você encontrar.
Pista: nem todas as palavras possuem encontro vocálico.

> ameixa • cacau • laranja • limão
> manga • melão • mexerica

a) Os encontros vocálicos que você encontrou foram:

☐ ai	☐ ei
☐ au	☐ eu
☐ ou	☐ ão

Alexandre Matos

b) Quais dessas palavras não têm encontro vocálico?

____

2. Marque com um **X** as palavras com encontro vocálico, como na palavra **melancia**.

☐ alegria	☐ caixa	☐ Maria
☐ faixa	☐ folia	☐ pia
☐ papai	☐ padaria	☐ refinaria

Adolar

a) Escreva as palavras que você não marcou e separe suas sílabas.

____

____

b) Nas palavras que você não marcou, o encontro vocálico fica:

☐ na mesma sílaba. ☐ em sílabas separadas.

3. Complete as informações com as palavras dos quadros.

belizar/Shutterstock

animais
guará
peixes

Lobo-________________________

Onde vive: Estado de Mato Grosso. É um animal típico do Cerrado.

Alimentação: pequenos ______________________, frutas,

______________________, moluscos e insetos.

regiões
Ouriço
Oeste

Mr. Suttipon Yakham/Shutterstock

________________-cacheiro

Onde vive: ____________________ Norte,

Centro-____________________ e Sudeste.

Alimentação: frutas, folhas, brotos de plantas.

- As palavras que você escreveu:

☐ não têm encontro vocálico. ☐ têm encontro vocálico.

4. Os nomes destes alimentos foram misturados. Reescreva esses nomes do modo como eles são conhecidos.

bolo de couve
refogadinho de carreteiro
macarrão à ameixa
geleia de coalho
queijo bolonhesa
arroz de cenoura

____

____

____

____

a) Circule as palavras com encontro vocálico.

b) Qual desses alimentos você já comeu ou conhece?

____

5. Estas placas estão com as sílabas embaralhadas. Ordene as sílabas e escreva as palavras.

Bis

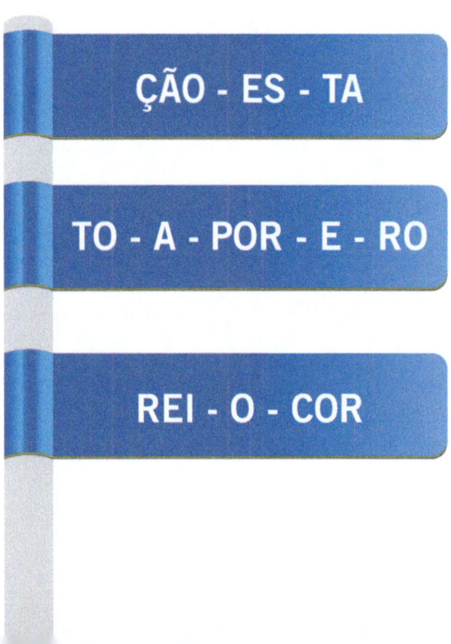

____

____

____

6. Encontre e circule no diagrama nove nomes de pessoas.

Ilustrações: Estúdio Chanceler

M	B	N	E	I	D	E	V	G	L	O	C	J
A	I	A	P	W	R	E	C	L	Ú	C	L	Ã
U	R	M	E	I	R	E	P	Ó	C	U	E	B
R	E	L	L	A	U	R	A	R	I	M	I	O
O	T	U	A	M	Á	R	C	I	A	I	D	S
C	P	A	U	L	O	H	E	A	I	D	E	T

a) Pinte os encontros vocálicos dos nomes que você circulou.

b) Agora escreva os nomes nos quadros de acordo com o encontro vocálico, separando as sílabas.

AU

IA

EI

PARA ESCREVER MELHOR
ORTOGRAFIA: C E G

Leia estes títulos de dois livros de Sylvia Orthof e observe as letras destacadas.

Galo, galo, não me calo

letra **g** (Galo, galo) — letra **c** (calo)

Fraca, fracola, galinha-d'angola

letra **c** (Fraca, fracola) — letra **g** (galinha-d'angola)

Ilustrações: Cibele Queiroz

1. Complete as palavras com **g** ou **c**.

☐alado	☐orrida	☐orpo
☐alinheiro	☐ula	☐urto
☐ola	☐alor	☐uspe
☐ura	☐arrafa	☐ola

◆ Sublinhe as palavras com a cor correspondente.

- Azul: palavras escritas com a letra **g**.
- Vermelho: palavras escritas com a letra **c**.

2. Escreva na cruzadinha o nome dos animais das figuras.

Ilustrações: Cibele Queiroz

a) Pinte as sílabas **ga**, **ca** e **co** das palavras que você escreveu na cruzadinha.

b) Escolha o nome de dois animais e escreva uma frase com cada um deles.

____

____

____

____

3. Encontre na faixa palavras escritas com as letras **c** e **g**. Depois, escreva as palavras que encontrou nos quadros correspondentes.

Cibele Queiroz

Palavras com **c**	Palavras com **g**

4. Troque a letra **c** pela letra **g** e forme outras palavras.

manca ____________________

foco ____________________

fico ____________________

como ____________________

cata ____________________

corro ____________________

◆ Complete as frases com as palavras que você formou na atividade anterior.

a) Quero mais um ____________________ de tangerina.

Cibele Queiroz

b) Onde foi parar nossa ______________________?

Cibele Queiroz

c) O __________________ possibilita cozinhar os alimentos.

Cibele Queiroz

d) A __________________ é uma fruta que veio da Ásia.

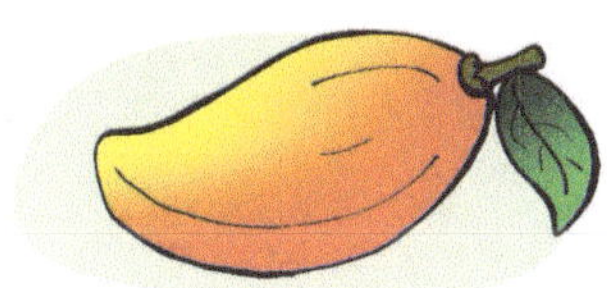

Cibele Queiroz

e) No inverno, usamos ___________________ para aquecer as orelhas.

André Valle

f) O ____________________ é uma das minhas frutas preferidas.

Cibele Queiroz

5. Ligue as palavras que se relacionam.

goleiro	galo
curso	
galinheiro	folga
boca	
folgado	gol
coco	
garfada	garfo

a) Quais são as palavras que não se relacionam com nenhuma outra?

____

b) Essas palavras escrevem-se com:

☐ ga, go, gu.

☐ ca, co, cu.

c) Escreva uma frase com cada uma das palavras.

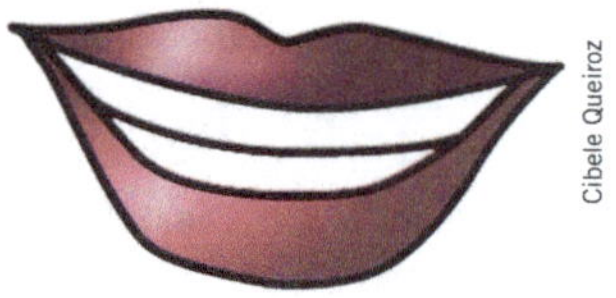

- Boca.

____

- Curso.

____

- Coco.

____

DIVERTIDAMENTE

◆ Desembaralhe as letras para formar palavras.

i x a c a	s a l o u
r a u p o	x a i p ã o
a f a r l	u r a
a u í P i	x e p e i
e u r o	z e f a r
f í d i c i l	f á i c l

◆ Pinte as palavras com encontros vocálicos.

◆ Agora, complete o provérbio com as palavras que sobraram.

_______________ é _______________,

_______________ é que é _______________.

5 ENCONTROS CONSONANTAIS – DIVISÃO SILÁBICA

Leia estes versos sobre pessoas que moram na mesma rua.

A vizinhança

Tanta gente diferente!
um é triste,
outro é contente.
[...]
Sem contar a criançada,
molecada,
que alegria!
Todo dia de verão
a rua vira folia.
[...]
Quando chove, a molecada
se recolhe, maldizendo,
e as plantinhas fazem festa [...]

Cláudio Thebas. *Amigos do peito*. São Paulo: Formato, 2016.

1. Releia o texto e marque a resposta certa.

Quando chove:

☐ a criançada fica triste e as plantas reclamam.

☐ a criançada reclama e as plantas ficam alegres.

2. Observe as letras destacadas nas palavras:

ale**gr**ia • **cr**iançada

◆ Você sabe como se chama o encontro de duas consoantes?

____

Bis

O encontro de duas consoantes na mesma palavra recebe o nome de **encontro consonantal**. Veja outras palavras com encontro consonantal.

braço • **fr**aco • **gr**ande • **bl**usa • **fl**auta • **pl**anta

ATIVIDADES

1. Leia as palavras e pinte as sílabas que apresentam encontro consonantal. Depois, escreva essas sílabas nos quadrinhos em branco.

DronG/Shutterstock

fru	tas	

specnaz/Shutterstock

li	vro	

montego/Shutterstock

gra	va	ta	

cherezoff/Shutterstock

qua	dro	

2. Circule os encontros consonantais das palavras. Depois, separe cada palavra em sílabas.

praça ____________ grama ____________ flores ____________

placa ____________ globo ____________ pedra ____________

◆ Os encontros consonantais dessas palavras estão:

☐ na mesma sílaba. ☐ em sílabas separadas.

Bis

3. Coloque as sílabas em ordem, forme palavras e pinte os encontros consonantais.

ber - tor - co ______________________

tel - pas ______________________

ne - al - fi - te ______________________

re - ár- vo ______________________

◆ As palavras que você formou têm encontro consonantal:

☐ em sílabas separadas. ☐ na mesma sílaba.

4. Complete o texto deste cartão-postal com as palavras do quadro.

abraço • bicicleta • divertido • Ingleses • Praia • setembro

Maurício Simonetti/Pulsar Imagens

Fortaleza, 23 de ______________ de 2015.

Oi, Márcia,

Está muito ______________ aqui em Fortaleza. Fui passear no Farol de Mucuripe e visitei a Ponte dos ______________. Vou todo dia andar de ______________ na ______________ do Futuro.

Um ______________ para você.

Sílvia

a) Em **divertido** e **Fortaleza**, temos encontros consonantais:

☐ em sílabas separadas. ☐ na mesma sílaba.

b) Em **abraço**, **Ingleses** e **bicicleta**, temos encontros consonantais:

☐ em sílabas separadas. ☐ na mesma sílaba.

5. Observe esta cena e escreva o nome dos objetos que ficariam melhor em uma cozinha.

____

____

____

____

a) Pinte de vermelho os nomes dos objetos com encontro consonantal na mesma sílaba e de azul os que têm encontro consonantal em sílabas separadas.

b) Agora, separe os nomes dos objetos em sílabas e circule os encontros consonantais.

______________________ ______________________

______________________ ______________________

6. Ligue as palavras para formar nomes de alimentos.

torta	cozido
batata	de espinafre
frango	frita

a) Escreva os nomes que você formou e pinte os encontros consonantais.

____

____

b) Qual desses alimentos você escolheria para o lanche? Escreva o nome e circule nele o encontro consonantal.

____

PARA ESCREVER MELHOR

M ANTES DE P E B

Leia o texto sobre as aventuras do cachorro Patabulle.

> [...]
> Patabulle encontra um mundo de algodão, todo colorido.
> E experimenta a nuvem mais fofinha para tirar um cochilo.
> Na sua nuvem-colchão, Zzzzz... faz um descanso merecido.
> O vento sopra e ele embarca numa pequena viagem.
> Patabulle se deixa levar e admira a paisagem.
> Outra nuvem vem surgindo do nada.
> Hum, se ela não desviar, vão dar uma trombada...
>
> Juliette Vallery. *Patabulle cultiva seu jardim.* São Paulo: Caramelo, 2014.

iStockphoto/Thinkstock/Getty Images

1. Releia estas palavras do texto e observe as letras destacadas.

e**mb**arca	enco**nt**ra
letra **m** antes de **b**	letra **n** antes de **t**

◆ Escreva nos quadros outras palavras do texto com as letras indicadas.

n em fim de sílaba e antes de qualquer consoante	**m** em fim de sílaba e antes das consoantes **p** e **b**

2. Siga as setas e escreva as palavras que descobrir. Depois, circule as letras **p** e **b** nessas palavras.

SOM	MEU	BÉM	BA
BRA	TAM	CRIS	POM
DA	EM	FI	DO
FRAS	PA	LA	PRI
TAM	EM	COM	NAS

____

____

____

____

____

3. Observe as figuras e escreva o nome delas.

Vanessa Alexandre

____

Adolar

____

Petra Elster

____

Vanessa Alexandre

____

◆ As palavras que você escreveu são escritas com:

☐ **n**.   ☐ **m** antes de **p**.   ☐ **m** antes de **b**.

CONCLUA!

Em fim de sílaba, usamos a letra ______ quando a próxima letra for **p** ou **b**.

4. Complete com **m** ou **n**. Depois, assinale as palavras que têm a letra **m**.

☐ bo____ba   ☐ ba____co   ☐ sa____ba

☐ ca____tina   ☐ ca____to   ☐ sa____to

◆ As palavras que você marcou são escritas com:

☐ **m** antes de **p**.   ☐ **m** antes de **b**.

5. Complete os textos com as palavras do quadro.

acampado • lembram • também • temperaturas

http://chc.cienciahoje.uol.com.br/

Ilhas que contam história

[...] Na ilha Redonda — próxima às Cagarras e um pouco mais distante da costa —, um grupo de pesquisadores ligados ao Projeto Ilhas do Rio, realizado pelo Instituto Mar Adentro, estudava a fauna e a flora do arquipélago quando encontrou pedras estranhas.

Algumas das estranhas pedras eram, na verdade, lâminas de machado e mãos de pilão. Outras, batizadas pelos pesquisadores de "quebra coquinhos", podem ter servido mesmo para quebrar coquinhos, mas ____________________ para outras funções ainda não desvendadas. Além das ferramentas, foram encontrados muitos cacos de cerâmica, alguns deles grandes e grossos — que ____________________ urnas funerárias.

Disponível em: <http://chc.cienciahoje.uol.com.br/ilhas-que-contam-historia/>. Acesso em: setembro de 2016.

Vida e trabalho no gelo

Imagine ficar ____________________ por cerca de 20 dias em um lugar onde as ____________________ chegam a dez graus negativos no verão. Parece difícil? Então, pense que você, além de dormir em barracas, terá de se contentar em descansar usando sacos de dormir sem nenhum aquecimento! Pois essa é a rotina de pesquisadores que estão na Antártica para estudar pinguins e skuas, aves marinhas da região. [...]

Disponível em: <http://chc.cienciahoje.uol.com.br/vida-e-trabalho-no-gelo/>. Acesso em: setembro de 2016.

Denis Burdin/Shutterstock

Geleira na Antártica.

6. Leia as frases.

Apague a lâmpada antes de sair.

Mantenha o ambiente limpo.

Campanha de vacinação para filhotes.

a) Agora, escreva as frases ao lado da figura correspondente.

____

____

____

____

____

____

Ilustrações: Cibele Queiroz

b) Escreva as palavras escritas com **m** antes da letra **p** e da letra **b**.

____

____

DIVERTIDAMENTE

Quer descobrir uma figura?

- Encontre palavras com **p** e **b** e pinte as peças em que elas estão.

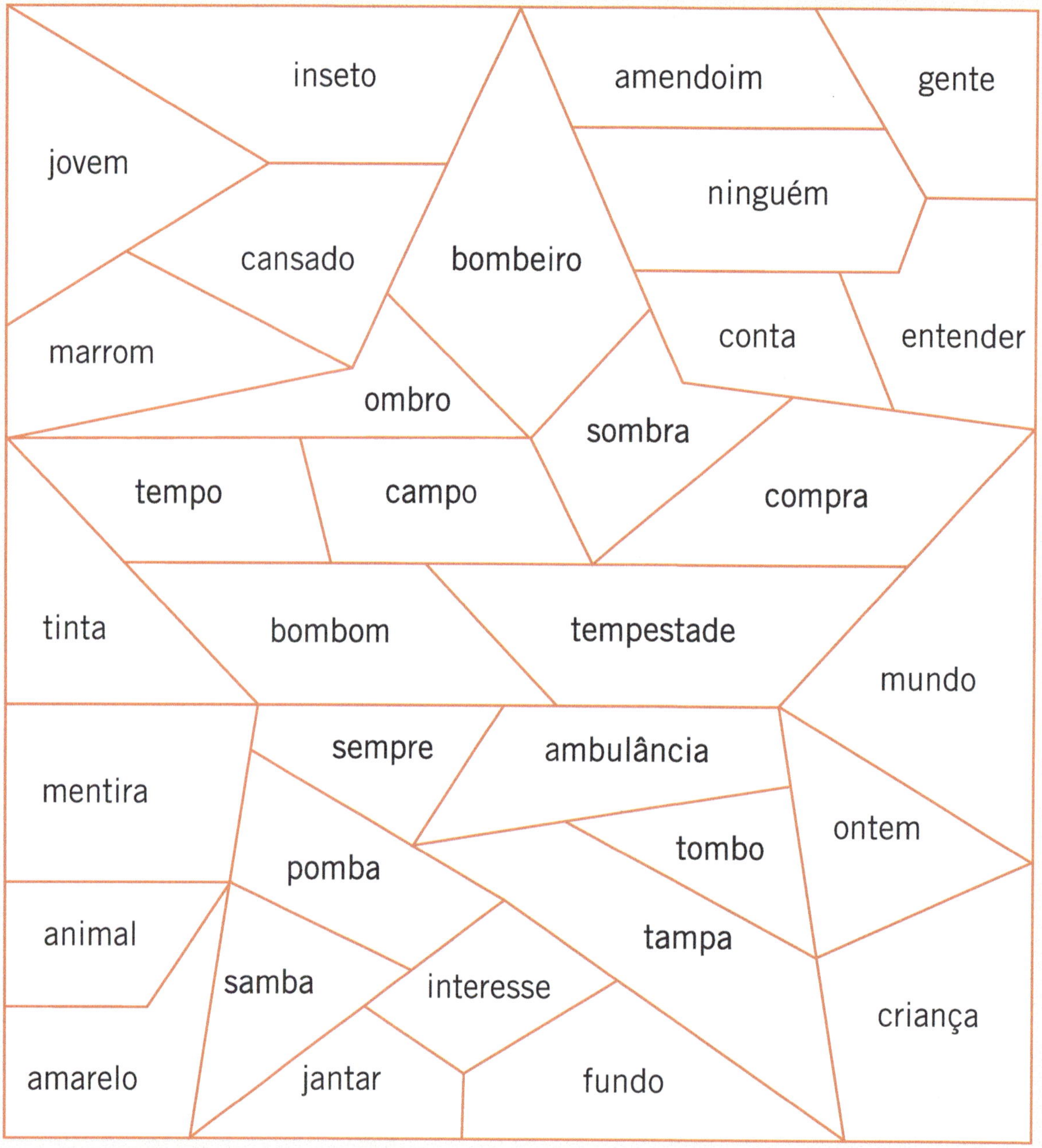

- Que figura você encontrou?

REVISÃO

1. Leia estas palavras.

elefante • unha • igreja • universo
idade • ave • ovo • olho • ela • ameixa

a) Escreva cada palavra no quadro correspondente, de acordo com a letra inicial.

A

I

U

E

Ilustrações: Cibele Queiroz

O

b) Escreva mais uma palavra em cada quadro.

c) Vamos ver se você descobriu uma coisa importante!

◆ O que as palavras que você escreveu têm em comum?

____

____

____

d) Agora, observe estes quadros e continue cada lista com outros nomes que você conheça.

Ana Maria

Elena

Ivone

Olívio

Umberto

Ilustrações: Daniel Ferreira

2. Leia os nomes e observe como estão agrupados. Depois, continue as listas com outros nomes que você conhece.

✓ Ana Maria	✓ Elena	✓ Ivone
✓ Augusto	✓ Elisabete	✓ Ivanilde
✓	✓	✓
✓	✓	✓

✓ Olga	✓ Umberto
✓ Osório	✓ Úrsula
✓	✓
✓	✓

◆ O que há em comum nas letras iniciais de todos os nomes?

____

3. Vamos formar novas palavras trocando apenas uma letra?

◆ Substitua a consoante inicial da palavra do exemplo por outra.

◆ Continue fazendo trocas para formar mais cinco palavras diferentes.

◆ Depois, escreva embaixo dos quadrinhos as palavras que você formou.

Cibele Queiroz

B	I	A			I	A			I	A

BIA ______________ ______________

	I	A			I	A			I	A

______________ ______________ ______________

4. Circule em azul as palavras que começam com **p** e em vermelho as que começam com **b**.

bicicleta	piscina	palhaço	padaria
batata	pata	bico	pico
picada	bicada	pegada	beijo

◆ Agora, escreva as palavras nos quadros de acordo com a letra inicial.

P	B
______	______
______	______
______	______
______	______
______	______
______	______
______	______

5. Escreva a palavra que não combina com as outras em cada grupo.

fácil • viga • figa • festa ______

vela • vila • fila • vulcão ______

tapa • tela • dela • time ______

dedo • dia • tia • doce ______

◆ Por que as palavras que você escreveu não combinam com as outras do grupo?

______

______

6. Leia as palavras dos quadrinhos coloridos.

o	ve	lha
	fa	la
	fo	to

Cibele Queiroz

a) Agora, combine sílabas dessas palavras para formar outras. Escreva as palavras que você formar.

Ilustrações: Cibele Queiroz

lha	ve		____________
la	ve		____________
la	ve	fa	____________
ve	la		____________
lha	fa		____________
lha	fo		____________
fa	fo		____________
to	fa		____________

b) Qual é a letra inicial da maioria das palavras que você formou?

____

c) Escreva mais três palavras iniciadas por essa consoante.

____

7. Descubra cinco nomes de animais em cada diagrama.

Hélio Senatore

Diagrama 1

Ilustrações: Adolar

U	S	A	G	A	M	B	Á	C
I	G	O	R	I	L	A	G	E
B	G	A	I	V	O	T	A	P
A	A	M	L	M	A	T	O	R
L	M	B	O	S	G	A	T	O
E	S	Á	R	T	C	U	A	B

Diagrama 2

G	S	C	O	E	L	H	O	T
A	C	A	M	E	L	O	G	O
L	G	B	I	V	O	T	A	S
E	C	R	G	C	U	T	I	A
R	C	A	C	H	O	R	R	O
S	B	U	R	R	C	E	G	U

a) Os nomes que você encontrou no diagrama 1:

☐ escrevem-se com a letra **c**.

☐ escrevem-se com a letra **g**.

b) Os nomes que você encontrou no diagrama 2:

☐ escrevem-se com a letra **c**.

☐ escrevem-se com a letra **g**.

8. Complete o texto com as palavras do quadro.

embaixo • também • tempestade • tempo

Amanhã o ________________ vai piorar. Teremos uma forte ________________ com raios e trovões. Não fique ________________ de árvores durante a chuva. Há ________________ perigo de enchente.

9. Observe o exemplo e complete o quadro.

Sílabas	Palavras	Encontro consonantal	Encontro vocálico
dei • ca • ra	cadeira		X
va • ta • gra			
ça • pra			
gua • ré			
ne • ta • pla			

a) As palavras com encontro consonantal que você marcou têm:

- [ ] encontro consonantal na mesma sílaba.
- [ ] encontro consonantal em sílabas separadas.

b) As palavras com encontro vocálico que você marcou têm:

- [ ] encontro vocálico na mesma sílaba.
- [ ] encontro vocálico em sílabas separadas.

6 ACENTOS

Leia o texto sobre o buriti, uma palmeira brasileira.

Buriti

Coqueiro-buriti, miriti, carandaí-guaçu, palmeira-dos-brejos

[...]

Cassandra Cury/Pulsar Imagens

[...] palmeira de caule solitário, de 20 a 30 m de altura. [...]

Tronco reto, **cilíndrico**, de 30 a 50 cm de **diâmetro**.

[...]

O buriti produz anualmente grande quantidade de frutos, que podem ser consumidos ao natural, na forma de sucos, sorvetes, geleias, doces ou **desidratados**. Os **talos** e a palha de suas folhas são muito utilizados na cobertura de casas e ranchos, bem como no artesanato regional, para a confecção de cestos e móveis. Suas folhas são usadas para produção de esteiras, peneiras, **móbiles**. Os talos das folhas são usados para produção de esculturas e suas fibras, para tecer redes de dormir. [...]

Disponível em: <http://www.umpedeque.com.br/arvore.php?id=601>. Acesso em: setembro de 2016.

cilíndrico: objeto com a forma do cilindro (superfície curva, limitada por duas bases circulares).
diâmetro: medida utilizada para medir objetos de um ponto a outro.
desidratados: sem água.
talos: parte da folha que prende o ramo ao tronco.
móbiles: enfeites que podem ser de madeira, plástico ou papel e que têm diferentes formas.

João Prudente/Pulsar Imagens

1. Esse texto apresenta:

☐ uma história sobre o buriti. ☐ informações sobre o buriti.

2. Observe as letras das palavras destacadas do texto.

soli**tá**rio mó**bi**le **mó**veis **fé**cula

◆ O que elas têm em comum quanto à grafia?

____

3. Releia o texto e escreva como é:

a) o caule do buriti: ______________________________.

b) o tronco do buriti: ______________________________.

4. Leia outros nomes de palmeiras.

açaí • butiá • coqueiro-de-dendê • jerivá • macaúba

◆ Nessas palavras, quais letras recebem acento gráfico?

____

Na escrita, algumas palavras têm um sinal sobre uma letra. Esse sinal se chama **acento gráfico**.

ATIVIDADES

1. Leia em voz alta os nomes destas árvores. Circule e escreva a sílaba que você pronunciou com mais força.

jacarandá ☐

jatobá ☐

jequitibá ☐

manacá ☐

ipê ☐

Roberto Tetsuo Okamura/Shutterstock

a) Essas sílabas que você pronunciou com mais força:

☐ recebem acento gráfico.

☐ não recebem acento gráfico.

b) O acento gráfico é colocado:

☐ sobre a consoante.

☐ sobre a vogal.

CONCLUA!

Os acentos gráficos são usados em algumas palavras sobre as ________________ das sílabas que pronunciamos com mais força.

2. Organize as sílabas e escreva o nome dos animais das figuras.

ré | ca | ja ______________________

bá | gam ______________________

á | ta | du | man ______________________

fa | bú | lo ______________________

á | bi | sa ______________________

Ilustrações: Cibele Queiroz

guia | á ______________________

◆ Agora, escreva o nome dos animais nos quadros correspondentes e pinte as sílabas acentuadas.

Nomes com **duas** sílabas	Nomes com **três** sílabas	Nomes com **quatro** sílabas

3. Encontre na figura palavras com acento gráfico e complete a lista.

Lista de compras

______________ mineral

______________ verde

pó de ______________

garrafa de ______________

______________ em calda

______________ azedo

______________ cristal

Bis

4. Procure no diagrama seis palavras com acento gráfico.
Pista: todas são nomes de objetos comuns, que temos em casa.

S	B	R	A	S	A	D	A	B	R	X
R	Á	D	I	O	Q	U	E	S	S	Í
F	I	A	G	F	A	M	A	I	S	C
A	A	R	M	Á	R	I	O	B	V	A
R	E	S	L	Â	M	P	A	D	A	R
E	R	E	L	Ó	G	I	O	T	R	A

Cibele Queiroz

- Agora, complete esta lista de tarefas com algumas dessas palavras.

Comprar um ______________ de três lugares para a sala.

Falar com o marceneiro sobre o ______________ novo.

Comprar uma ______________ mais forte para o abajur.

Acertar os ponteiros do ______________ da cozinha.

5. Complete o trava-língua com as palavras do quadro.

sabia • sabiá

Você __________ que o __________

__________ assobiar?

Trava-língua popular.

Cibele Queiroz

◆ Agora, marque com um **X** a afirmação correta.

- [ ] As palavras do quadro têm letras iguais e o mesmo significado.
- [ ] As palavras do quadro têm letras iguais, mas significado e pronúncia diferentes.

6. Complete as frases com as palavras dos quadros.

do • dó

Fiquei com __________ ao ver o machucado __________ menino.

esta • está

Como __________ bolsa __________ barata!

pais • país

Meus __________ nasceram em outro __________. Eles são chineses.

Giz de Cera

7. Complete o texto com as palavras do quadro.

geográficos • históricos • mágicos • matemática • química

As ciências do amor

Mathias Townsend

Com você eu vivo:

uma perfeita reação ________________,

uma estranha equação ________________,

[...]

alguns ________________ acidentes ________________,

os maiores lances ________________ [...]

Elias José. *Amor adolescente*. São Paulo: Atual, 2016.

a) Agora, escreva as palavras com que você completou o texto e pinte as sílabas que têm acento gráfico.

b) Marque com um **X** a afirmação correta.

☐ Todas as palavras que você escreveu têm acento gráfico.

☐ Nenhuma palavra que você escreveu tem acento gráfico.

☐ Algumas palavras que você escreveu têm acento gráfico.

PARA ESCREVER MELHOR

TIL E CEDILHA

Leia este trecho de uma história.

Andrey Makurin/Shutterstock

Hipopô

Hipopô sempre foi grandão. Com o passar do tempo foi crescendo... crescendo... e continuou crescendo. [...]

Hipopô era distraído e um pouco desastrado. Toda vez que tropeçava, as pessoas riam. Mas seus amigos sempre o ajudavam.

Weberson Santiago. *Hipopô*. Belo Horizonte: Autêntica, 2013.

1. Leia estas palavras do texto. Observe as letras destacadas e o sinal que elas apresentam.

grand**ão** ~ til

trope**ç**ava ¸ cedilha

a) Que letra recebe o til? ______________________

b) Que letra recebe a cedilha? ______________________

2. O til pode aparecer sobre outra letra. Observe estas palavras abaixo e circule as letras com til.

chão • mãe • põe • mão • coração

◆ Escreva outras palavras com til que você conhece.

____

CONCLUA!

O **til** é usado na escrita sobre as vogais ______ e ______.

3. Leia o poema a seguir.

Cibele Queiroz

— Se é pra balançar,
Eu balanço.
— Se é pra alcançar,
Eu alcanço.
— Mas na hora de dançar...
Não adianta, eu não danço!

Sonia Junqueira. *Comigo é assim*.
São Paulo: Formato, 2013.

a) Nesse poema, há palavras com cedilha. Quais são elas?

____

b) Circule nessas palavras a letra que recebe a cedilha.

c) Que letra você circulou em todas as palavras?

____

4. Leia as palavras do quadro.

açaí • cupuaçu • paçoca

a) Pinte as letras que vêm depois do **ç**.

b) Quais são essas letras? ______________________________

CONCLUA!

A **cedilha** é usada na escrita sob a letra **c** antes das vogais ______, ______ e ______.

5. Coloque o til sobre a última vogal **a** destas palavras e forme outras palavras. Observe o exemplo.

la → lã

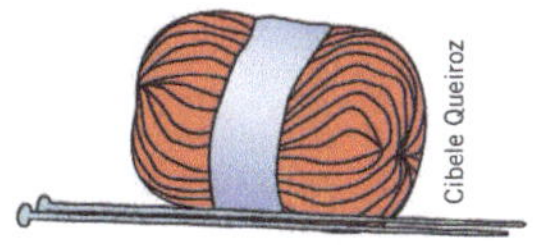
Cibele Queiroz

manha ______________________ Ana ______________________

tanta ______________________ Roma ______________________

- O uso do **til**:

  ☐ não muda a palavra e seu significado.

  ☐ muda a palavra e seu significado.

6. Troque a letra **c** por **ç** e forme outras palavras.

caco ______________________

caca ______________________

louca ______________________

Estúdio Mil

- A palavra e seu significado:

  ☐ não mudam com o uso da cedilha.

  ☐ mudam com o uso da cedilha.

7. Reescreva a lista de compras colocando a cedilha e o til nas palavras em que eles forem necessários.

1 maco de alface
1 pé de agriao
1 dúzia de limoes
2 mamoes
coracao de frango
1 melao

Felipe Camêlo

8. Leia as palavras da cruzadinha e complete a quadrinha com elas.

	B		M			
C	O	R	A	Ç	Ã	O
	T		M			
	Ã		Ã			
	O		E			

Sou pequenininho,

Do tamanho de um ____________________.

Trago papai no bolso,

E ____________________ no ____________________.

Quadrinha popular.

9. Complete as placas com as palavras do quadro.

pedaço • maço • caroço • feijão • grão • pimentão

EURECA!

Decifre as charadas!

Todas as mães têm.
Sem ele não tem pão.
Some no inverno
Aparece no verão.

____

Cibele Queiroz

O que tem o poço
e o pescoço também?
Só o caçula tem
e o mais velho está sem?

____

7 O USO DA LETRA INICIAL MAIÚSCULA

Você gosta de histórias e lendas? Leia o início desta lenda.

Contam que antigamente, no tempo em que macaco andava de terno, um homem chamado Juca Procópio resolveu visitar seu compadre Zé Cabral, que morava no interior do Paraná, no sul do Brasil.

[...]

Sonia Junqueira. *A lenda da gralha azul.* São Paulo: Atual, 2013.

Bis

1. Qual é a finalidade de textos que começam desse modo?

☐ Ensinar onde ficam os estados do Brasil.

☐ Narrar o que pode ter acontecido com uma pessoa.

☐ Dar informações sobre uma pessoa.

2. Observe os nomes citados no trecho da lenda.

o homem	o compadre	o estado	o país
Juca **P**rocópio	**Z**é **C**abral	**P**araná	**B**rasil

◆ Os nomes escritos com letra inicial maiúscula são nomes de quê?

____

Usamos **letra inicial maiúscula** no nome de pessoas e de lugares, como ruas, praças, cidades, estados, países.

ATIVIDADES

1. Escreva o nome de dois amigos. ______________________

____

◆ Que letras maiúsculas você usou? ______________________

____

2. Circule a letra inicial destes nomes de pessoas.

André	Carlos	Gabriel	João Pedro	Luciana	Marina

◆ As letras que você circulou são:

☐ maiúsculas. ☐ minúsculas.

3. Leia estes títulos de histórias para crianças.

A Bela e a Fera
Branca de Neve e os sete anões
Chapeuzinho Vermelho
João e Maria
O Pequeno Polegar
Pinóquio

a) Grife os nomes de personagens que aparecem nos títulos.

b) As letras iniciais dos nomes dos personagens são:

☐ minúsculas. ☐ maiúsculas.

4. Você conhece outros personagens de histórias para crianças? Escreva o nome de dois deles.

Atenção: não se esqueça de usar letras iniciais maiúsculas.

Cibele Queiroz

____

____

5. Ligue o nome dos lugares ao que eles representam.

Brasil	um estado
São Francisco	nosso país
Maceió	um rio do Nordeste
Mato Grosso do Sul	a capital de Alagoas

a) Pinte a letra inicial dos nomes dos lugares.

b) As letras que você pintou são:

☐ maiúsculas.

☐ minúsculas.

6. Escreva o nome da cidade e o do estado onde você mora.

Atenção: não se esqueça de usar letra inicial maiúscula.

Cidade: ____

Estado: ____

7. Leia este trava-língua em voz alta e o mais rápido possível.

> o primo pedro partiu o prato.
> a pedra partiu o prato do primo pedro.
>
> Trava-língua popular.

a) Agora, escreva o trava-língua utilizando letras maiúsculas onde for necessário.

____

____

____

b) Faça o mesmo com esta parlenda.

> na minha fazenda tem um boi. esse boi se chama barnabé.
> sabe, ele está apaixonado pela minha linda vaca salomé.
>
> Parlenda popular.

Cibele Queiroz

____

____

____

____

8. Observe o trava-língua e a parlenda que você escreveu na atividade anterior.

a) A primeira palavra de cada um dos textos foi escrita com:

☐ letra inicial maiúscula. ☐ letra inicial minúscula.

b) A primeira palavra depois do ponto, quando começa outra frase, foi escrita com:

☐ letra inicial maiúscula. ☐ letra inicial minúscula.

CONCLUA!

Usamos a letra inicial ______________________________

no início das frases e depois do ________________.

9. Complete o texto utilizando corretamente as letras maiúsculas e minúsculas.

Minha biografia

Sou filh__ de ____________________________ e

de ______________________________________.

Nasci em _________________________________,

estado de ________________________________.

Moro na _________________________________,

no bairro ________________________________.

Estudo na Escola ___________________________.

Meu filme preferido é ________________________.

10. Complete a biografia com as palavras do quadro.

Atenção: use letras iniciais maiúsculas quando necessário.

taubaté • ester • judite • naquele • são paulo • tarde

A 18 de abril de 1882 em ______________________, Estado de ______________________, nasce o filho de José Bento Marcondes Lobato e Olímpia Augusta Monteiro Lobato.

Recebe o nome de José Renato Monteiro Lobato, que por decisão própria modifica mais ______________________ para José Bento Monteiro Lobato desejando usar uma bengala do pai gravada com as iniciais J.B.M.L.

Juca — assim era chamado — brincava com suas irmãs ______________________ e ______________________.

______________________ tempo não havia tantos brinquedos; eram toscos, feitos de sabugo de milho, chuchus, mamão verde, etc...

Monteiro Lobato. *Reinações de Narizinho.* São Paulo: Brasiliense, 2003.

a) Circule as palavras que você escreveu com letra inicial maiúscula.

b) Escreva essas palavras e explique por que você usou letra inicial maiúscula em cada caso.

____

____

____

PARA ESCREVER MELHOR

ORTOGRAFIA: **AR, ER, IR, OR, UR**

Leia esta sinopse, que dá informações sobre uma peça teatral.

http://www.sampaingressos.com.br/?genero=2&data=apartirHojeFoto

Walt Disney Co./Everett Collection/Fotoarena

A Bela Adormecida ★★★★★

60 minutos. Livre.

A peça teatral é inspirada na obra dos Irmãos Grimm e conta a história de uma princesa que cai em sono profundo depois de ser amaldiçoada por uma bruxa. Para se livrar dessa situação, precisa encontrar o verdadeiro amor.

Local: Teatro das Artes **Data:** até 22 de março **Valor:** R$ 20,00

Disponível em: <http://www.sampaingressos.com.br>. Acesso em: novembro de 2016.

1. Releia estas palavras e escreva as vogais seguidas da letra **r**.

Adormecida	______	Irmãos	______	encontrar	______

◆ Agora, escreva outras palavras do texto com vogais seguidas de **r**.

____

____

2. Pinte de azul as palavras com **or** e de vermelho as palavras com **er**.

perna amor certo flor terno força calor colher mulher verso corpo torto

3. Descubra no diagrama sete nomes de objetos ou ambientes que podem ser encontrados em uma casa.

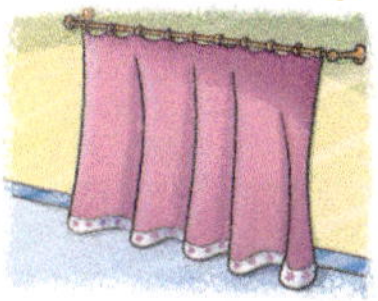
Ilustra Cartoon

Giz de Cera

Dawidson França

Mureu/Shutterstock

A	R	M	Á	R	I	O	E	M	I
C	O	R	T	I	N	A	R	T	S
C	O	B	E	R	T	O	R	L	C
R	A	C	E	R	C	A	A	D	O
T	O	R	N	E	I	R	A	C	J
G	R	A	M	P	E	A	D	O	R
A	C	A	R	P	E	T	E	N	D

a) Pinte no diagrama as letras **ar**, **er** e **or** de cada palavra que você descobriu.

b) Escreva nos quadros correspondentes as palavras que você descobriu. **Atenção:** uma palavra pode ser escrita em mais de um quadro.

ar	er
___	___
___	___
___	___

or
___
___
___
___

4. Marque as palavras que têm as letras **ar**, **er**, **ir**, **or** ou **ur**.

☐ cartolina	☐ curso	☐ parque
☐ apagador	☐ turma	☐ preto
☐ diretor	☐ prego	☐ força
☐ poste	☐ surpresa	☐ turco

◆ Das palavras que você marcou, escreva aquelas que são nomes do que costuma ter em uma escola.

____

____

____

5. Complete a cruzadinha com os nomes de animais que estão no quadro.

codorna • leopardo • orca • porco • serpente • tartaruga • urso

Ilustrações: Cibele Queiroz

6. Complete a parlenda com as palavras do quadro.

buscar • entrar • quer

Estúdio Lab 307

Quem é?

É o padeiro.

O que ______________________?

Dinheiro.

Pode ______________________

que eu vou __________________

o seu dinheiro

lá debaixo do travesseiro.

Parlenda popular.

7. Acrescente a letra **r** no final de cada palavra e forme outras palavras.

fala ______________________ sai ______________________

come ______________________ amo ______________________

◆ As palavras formadas:

☐ têm o mesmo significado das anteriores.

☐ têm significado diferente das anteriores.

8. Agora, troque a letra **r** de lugar e forme palavras diferentes.
Pista: leia nos quadros o significado ou a explicação da palavra que irá se formar.

p**r**eto ______________________

contrário de longe

g**r**aça ______________________

ave branca de bico longo

t**r**ota ______________________

tem doce e salgada

cata**r** ______________________

o carteiro entrega

pena**r** ______________________

as cadeiras geralmente têm quatro

DIVERTIDAMENTE

◆ O que será que está escrito na carta? Para descobrir, ajude as crianças a chegar ao baú.

◆ Agora, escreva as palavras que você encontrou pelo caminho e descubra o que está escrito na carta.

___

___

___

8 A FRASE

Leia este texto sobre uma ave brasileira.

Ararajuba

Família: Psitacídeos

Nome popular: Ararajuba

Nome científico: *Guaruba guarouba*

Vive no Brasil, nos estados do Pará e Maranhão. Alimenta-se de frutas e grãos, mas gosta mesmo é de açaí.

Pode pôr até 9 ovos, mas em média são 4 ovos, que **eclodem** após 29 dias de **incubação**. Pode viver até 35 anos.

Seu nome vem do tupi e significa "arara amarela".

Possui cerca de 34 cm de comprimento.

O macho e a fêmea são idênticos e formam casais fiéis por toda a vida. Costumam reproduzir-se em buracos de árvores.

Disponível em: <www.ninha.bio.br/biologia/araras.html>. Acesso em: novembro de 2016.

Eclodem: abrem quando as cascas quebram e os filhotes saem.
Incubação: choco, gestação.

1. Esse texto trata principalmente:

- [ ] das ararajubas e de sua alimentação.
- [ ] de uma ararajuba e seu tempo de vida.
- [ ] de uma ararajuba, seu tempo de vida e seus hábitos.

2. Organize as palavras de uma forma que se entenda seu sentido.

são e a macho O idênticos fêmea.

____

Bis

Quando um conjunto de palavras está organizado em uma sequência em que todos podem compreender seu sentido, ele recebe o nome de **frase**. As frases fazem parte de textos escritos, como a ficha anterior, ou orais, como quando você fala com alguém.

ATIVIDADES

1. Organize as palavras dos quadros e forme frases.

pegam • o • bico • araras • com • seu • alimento • as

são • bons • para • bicos • insetos • pegar • compridos • e • finos

com • serrinha • são • pescar • bons • para • bicos • peixes

◆ Verifique se você iniciou as frases com letra maiúscula e colocou ponto no final.

CONCLUA!

No começo das frases, usamos letra inicial ________________

e, no final, usamos ________________.

2. Complete as frases com as palavras de um dos quadros.
Atenção: não se esqueça de usar ponto para terminar as frases.

Cibele Queiroz

Para observar as aves ______________________________

____

devem ser levados aos parques

podemos ir a parques ou matas

Durante a observação, ______________________________

____

tem mais de 40 espécies

devemos anotar dados como: cor, tipo de voo, bico e canto

Para não assustar os pássaros, ______________________________

____

ficamos longe e usamos binóculos

dividem-se em várias espécies

3. Ordene as palavras dos quadros e escreva frases nos balões de fala, de acordo com as cenas.
Atenção: use letras maiúsculas e ponto quando necessário.

bem • esta • divertida • é • história

Ilustrações: Cibele Queiroz

de • garrafa • suco • vou • uma • levar

a • que • ser • fácil • vai • prova • acho

4. Descubra as frases escondidas nas faixas. Escreva nos quadros o que descobrir.

a)

Ilustrações: Bis

b)

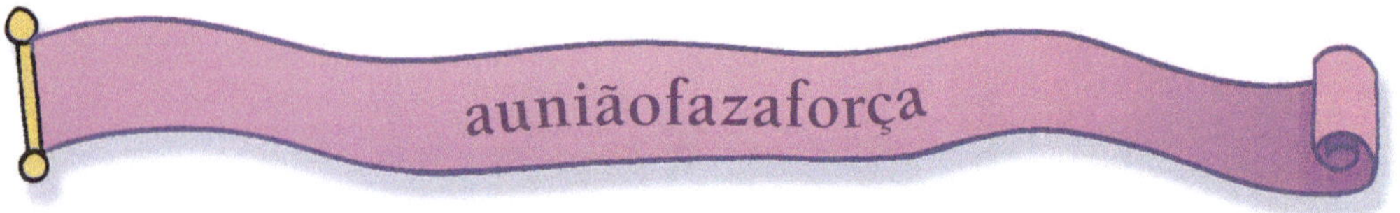

c)

d)

- Ao escrever essas frases, é preciso:

- [ ] usar a letra inicial maiúscula e o ponto no final.
- [ ] usar a letra inicial maiúscula e não usar o ponto no final.
- [ ] não usar letra inicial maiúscula nem ponto no final.

PARA ESCREVER MELHOR
ORTOGRAFIA: A LETRA **R**

Leia esta parlenda e observe as palavras destacadas.

Corre, ratinho

Corre, ratinho
Que o gato tem fome
Corre, ratinho
Que o gato te come.

Parlenda popular.

1. Pinte as letras **r** das palavras destacadas na parlenda.
   - Leia essas palavras e observe o som representado pelas letras **r**.

CONCLUA!

A letra **r** no início da palavra e as letras **rr** no meio da palavra representam:

☐ o mesmo som. ☐ sons diferentes.

2. Organize no quadro as palavras escritas com **r** inicial.

repolho • refresco • aquarela • rosca • girafa
romã • rabanete • ricota

ra	
re	
ri	
ro	

3. Observe as figuras e complete a cruzadinha com o nome delas.

4. Desembaralhe as sílabas e escreva as palavras. Depois, marque na coluna correspondente o que você observou sobre a letra **r**.

Ilustrações: Cibele Queiroz

Sílabas	Palavras	**R** inicial	**RR**
ca • re • do			
ra • guer			
gio • ló • re			
ro • te • ser			
mé • di • re • o			
ri • bar • ga			

DIVERTIDAMENTE

- Leia as palavras do círculo. Entre elas há uma palavra "intrusa", que não combina com as outras. Qual palavra será? Descubra!

Estúdio Lab 307

- A palavra intrusa é ________.

- Como você chegou a essa conclusão?

____

____

DE OLHO NA LÍNGUA

1. Veja a figura:

◆ (SAEB – Provinha Brasil) Faça um **X** no quadrinho em que aparece a primeira sílaba do nome da figura.

Ilustrações: Adolar

a) ☐ anta

b) ☐ onça

c) ☐ nata

d) ☐ onda

2. (SAEB – Provinha Brasil) Faça um **X** no quadrinho do número de sílabas/partes/pedacinhos do nome da figura:

a) ☐ 1

b) ☐ 3

c) ☐ 5

d) ☐ 6

3. (PNAIC) A palavra que tem a mesma sílaba final que **marreco** é:

a) ☐ papo

b) ☐ cavalo

c) ☐ pedaço

d) ☐ caneco

4. (PNAIC) Organizando as palavras (buraco, o, fundo, é) você terá como resultado a frase:

a) ☐ Fundo buraco é o.

b) ☐ Buraco é o fundo.

c) ☐ O buraco é fundo.

d) ☐ É buraco fundo o.

5. (SAEB – Provinha Brasil) Faça um **X** no quadrinho onde está escrito **rato**.

a) ☐ gato

b) ☐ pato

c) ☐ rato

d) ☐ tato

6. (SAEB – Provinha Brasil) Leia a frase silenciosamente.

Marina pega a boneca para Camila.

Faça um **X** no quadrinho que mostra o que Marina fez.

a) ☐ Marina joga a boneca.

b) ☐ Marina mostra a boneca.

c) ☐ Marina pega a boneca.

d) ☐ Marina perde a boneca.

9 PONTUAÇÃO

Você conhece a Suriá? Leia esta tirinha dela com sua amiga Úrsula.

Folha de S.Paulo. Folhinha. São Paulo, 13/11/2004.

1. Suriá deseja saber algo. Releia a fala dela e observe o ponto destacado.

- Como se marca na escrita a intenção de perguntar alguma coisa?

____

2. Releia a primeira fala de Úrsula e observe o ponto destacado.

- Esta frase, marcada com ponto, indica que a personagem:

☐ faz uma pergunta.

☐ faz uma afirmação.

3. Agora, observe estas duas outras falas de Úrsula.

ponto de exclamação

- As frases de Úrsula foram marcadas com um ponto de exclamação para indicar que ela:

  - [ ] faz afirmações sobre o piano.
  - [ ] pergunta alguma coisa sobre a flauta.
  - [ ] expressa seus sentimentos sobre o piano e a flauta.

Na escrita, quando queremos marcar uma pergunta, usamos o **ponto de interrogação** no final da frase.

Para marcar uma resposta ou uma afirmação, usamos o **ponto** no final da frase.

Já para indicar a expressão de sentimentos como alegria, tristeza, espanto ou emoção, por exemplo, usamos o **ponto de exclamação** no final da frase.

ATIVIDADES

1. Leia as frases e o que elas indicam. Depois, complete a terceira coluna com o nome do ponto usado em cada frase.

Frases	Indicam	Ponto
Você sabe tocar flauta?	Pergunta	
Eu queria tocar piano.	Afirmação	
Por que você trocou de instrumento?	Pergunta	
Cansei do piano.	Afirmação	
Como você toca bem, Úrsula!	Sentimento de admiração	

2. Leia as frases e preencha os quadrinhos com os pontos adequados.

violino

— Qual é o nome deste instrumento ☐

— Este instrumento é o violino.

— Você toca trombone?

— Eu não ☐

trombone

Ilustrações: André Valle

violão

— Você gostaria de tocar violão?

— Eu gostaria muito ☐

— Você conhece o pandeiro?

— Sim, meu irmão toca pandeiro em uma escola de samba ☐

pandeiro

3. Leia o trecho da fábula e coloque os pontos que estão faltando.

O Leão e o Rato

Certo dia, estava um Leão a dormir a sesta quando um ratinho começou a correr por cima dele ___ O Leão acordou, pôs-lhe a pata em cima, abriu a bocarra e preparou-se para o engolir.

— Perdoe-me ___ — gritou o ratinho. Perdoe-me desta vez e eu nunca o esquecerei. Quem sabe se um dia não precisará de mim ___

O Leão ficou tão divertido com esta ideia que levantou a pata e o deixou partir. [...]

Jean de la Fontaine.
Domínio público.

Estúdio Lab 307

4. Observe a cena e escreva uma pergunta e uma resposta na fala dos personagens. Use os pontos que você já aprendeu.

Pergunta: ____

____

André Valle

Resposta: ______________________________

____

____

____

____

5. Escreva frases sobre o tempo que indiquem sentimentos de alegria e tristeza.

a) Para expressar alegria, use a palavra **ensolarado**.

____

____

b) Para expressar tristeza, use a palavra **nublado**.

____

____

◆ Que tipo de ponto você usou nas frases que escreveu?

- ☐ ponto
- ☐ ponto de exclamação
- ☐ ponto de interrogação

6. Ligue as palavras das colunas 1 e 2 e forme frases.

Coluna 1	Coluna 2
Quantas horas	24 horas.
Um dia tem	7 dias.
Quantos dias	tem um dia?
Uma semana tem	tem uma semana?

Ilustra Cartoon

◆ Agora, escreva as frases em uma ordem que faça sentido.

____

____

____

PARA ESCREVER MELHOR

ORTOGRAFIA: R E RR

Leia este trecho de um poema.

Liliane

Quem não conhece
uma menina que dança?

Mo**r**ena **r**isonha
de olhar japonês
cabelo ama**rr**ado
sapato chinês
vestido amarelo
biquinho francês.

Osvaldo Duarte. *Abri, abriste, abreu.*
São Paulo: Atual, 2008.

Cibele Queiroz

1. Observe as palavras do poema que estão com a letra **r** destacada. Escreva cada uma delas na coluna correspondente deste quadro.

R no início da palavra	**R** no meio da palavra	**RR**

◆ Agora, leia as palavras em voz alta. Marque o que você descobriu sobre o som representado pela letra **r**.

☐ O som do **r** em **r**isonha é igual ao de **rr** em ama**rr**ado (**r** com som forte).

☐ O som do **r** em mo**r**ena (**r** com som fraco) é igual ao som em **r**isonha e ama**rr**ado.

2. Desembaralhe as sílabas e escreva as palavras. Depois, marque na coluna correspondente o que você observou sobre a letra **r**.

Sílabas	Palavras	**R** inicial (som forte)	**RR** (som forte)
ta • re • vis			
ro • ça • car			
re • der • te			
ra • do • sur			
don • re • do			
ra • bar • ca			
a • cho • ri			

a) Observe as palavras que você escreveu. Que letras você usou antes e depois de **rr**?

____

b) Essas letras são:

☐ vogais.

☐ consoantes.

c) Escolha duas palavras que você escreveu e crie uma frase com cada uma delas.

____

____

____

CONCLUA!

Para representar o som forte do **r** no início da palavra

usamos a letra __________ e, entre vogais, usamos

as letras __________.

3. Leia em voz alta estas palavras do poema e observe o som representado pela letra **r** destacada.

Mo**r**ena	ama**r**elo

a) Nessas palavras, o som do **r** é fraco ou forte?

____

b) Circule as letras que vêm antes e depois do **r**.

◆ Essas letras são:

☐ vogais. ☐ consoantes.

CONCLUA!

Para representar o som fraco do **r** entre vogais usamos

a letra ______.

4. Marque as palavras em que a letra **r** representa som fraco.

☐ floresta ☐ futuro

☐ carro ☐ farinha

☐ cara ☐ moro

☐ riso ☐ remo

Paulo Cesar Pereira

5. Troque a letra **r** por **rr** e forme outras palavras.

muro ______________________

coro ______________________

tora ______________________

caro ______________________

André Valle

Cibele Queiroz

André Valle

André Valle

a) As palavras que você formou:

☐ têm o mesmo significado das anteriores.

☐ têm significado diferente das anteriores.

b) Complete as frases com as palavras que você formou.

O personagem deu um ______________ na mesa e disse: "Já sei!".

Quase ninguém ______________ café em casa atualmente.

Se aparecer um cachorro bravo, eu ______________ .

O ______________ ficou guardado na garagem.

6. Complete os provérbios com as palavras do quadro.

André Valle

barriga • madura • remédio

Banana ______________ não fica no cacho.

______________ cheia, goiaba tem bicho.

O que não tem ______________, remediado está.

DIVERTIDAMENTE

É hora da aula de dança!

- Leve Bia até a escola seguindo as frases que expressam admiração.

10 FRASE E PONTUAÇÃO

Leia um trecho do livro *O filho do meio*, em que o personagem fala sobre ele e os irmãos.

[...] ter irmãos é muito chato mas ser o irmão do meio é mais chato ainda uma hora eu sou novo demais; na hora seguinte, já sou velho demais [...]

Lília Gramacho Calmon. *O filho do meio*. São Paulo: Formato, 2014.

1. O personagem gosta de ter irmãos?

____

2. Há algo estranho nesse texto. Ele está fácil de ser entendido?

____

3. O que está faltando no texto?

____

Para organizar as frases de maneira que possamos entender melhor o sentido de um texto, usamos a **pontuação**.

ATIVIDADES

1. Ligue as partes das frases conforme elas aparecem no texto.

ter irmãos	é mais chato ainda
mas ser o irmão do meio	já sou velho demais
uma hora eu sou novo demais; na hora seguinte,	é muito chato

- Agora, escreva as frases colocando o ponto no final delas. Não se esqueça de usar letras iniciais maiúsculas.

____

____

____

2. Leia este texto. Pinte os sinais de pontuação no final das frases.

> Desde que o mundo é mundo existem famílias. Mas nem todas são iguais, não é verdade? [...] De vez em quando, os pais moram em casas separadas. Às vezes são amigos, às vezes não. Tem pai e mãe que ficam juntinhos até ficarem bem velhinhos!
>
> Anna Claudia Ramos e Ana Raquel. *Família*. São Paulo: Formato, 2016. Coleção Todo Mundo Tem.

- Que sinais de pontuação você pintou?

____

____

CONCLUA!

Podemos separar as frases usando o ponto,

o ______________________________ ou

o ______________________________ .

3. Leia este comentário sobre a narração da história de Pilar.

http://chc.cienciahoje.uol.com.br

Viajar para a África

Pilar adora viajar. Na sua rede mágica já foi para o Egito, para a Amazônia, para o Peru e outros lugares distantes e diferentes. Agora, embarcou para a África com seu fiel amigo Breno e o seu gato Samba.

Nesta nova aventura, ela vai descobrir que o continente africano é fascinante. Para começar, ele é imenso e abriga mais de 50 países, como Nigéria, Angola e Congo. [...]

Adolar

Disponível em: <http://chc.cienciahoje.uol.com.br/viajar-para-a-africa/>. Acesso em: setembro de 2016.

a) Quantas frases há nesse trecho?

- [ ] uma
- [ ] duas
- [ ] três
- [ ] quatro
- [ ] cinco

b) Como você chegou a essa conclusão?

____

____

4. Leia esta descrição de uma princesa.

Seus cabelos eram curtos, bem crespos e pretos. Os olhos pareciam duas jabuticabas maduras. [...] Agora, o mais bonito de tudo era a sua pele. Tinha uma cor, um brilho! Era a princesa negra mais linda que qualquer um do reino já tinha visto.

Tânia Alexandre Martinelli. *Princesas são diferentes*. São Paulo: Atual, 2016.

Ilustrações: André Valle

a) Quantas frases há nesse trecho?

- [ ] uma
- [ ] duas
- [ ] três
- [ ] quatro
- [ ] cinco

◆ Explique como você chegou à sua resposta.

____

b) Escreva a frase do texto que expressa admiração.

____

c) Releia o texto e escreva a frase que corresponde a cada figura.
Atenção: use as letras iniciais maiúsculas e a pontuação.

____

____

____

____

____

____

____

5. Reescreva as frases, empregando um ponto diferente em cada uma. Observe o exemplo e siga as orientações.

Você não vai sair de casa.
Você não vai sair de casa?
Você não vai sair de casa!

a) Escreva esta frase de forma que demonstre emoção.

Eu quero um brinquedo novo.

Ilustrações: André Valle

____

b) Transforme esta frase em uma pergunta.

Está chovendo muito!

____

c) Transforme esta pergunta em uma afirmação.

Vamos almoçar na cantina da escola?

____

CONCLUA!

A troca da pontuação em uma frase:

- [ ] altera o sentido dela.
- [ ] não altera o sentido dela.

PARA ESCREVER MELHOR

ORTOGRAFIA: AL, EL, IL, OL E UL

Leia esta quadrinha em voz alta e observe as palavras destacadas.

O **bolso** da camisa
e o bolso de uma **calça**
brigaram pelo amor
de uma **bolsa** sem **alça**.

Sandra Aymoré. *Será que pode?*
Belo Horizonte: Formato, 2013.

Cibele Queiroz

1. Faça um **X** na palavra mais adequada para completar cada frase. Depois, escreva a palavra no espaço correspondente.

Mamãe tem uma ________________ de couro.

☐ bolso ☐ bolsa

O ________________ da minha mochila está furado.

☐ bolso ☐ bolsa

________________ sapato número 28.

☐ Calça ☐ Calço

________________ preta faz parte do uniforme da escola.

☐ Calça ☐ Calço

◆ Essas palavras são escritas com:

☐ al. ☐ el. ☐ il. ☐ ol. ☐ ul.

2. Observe os produtos do Bazar da Lia.

Pedidos

____

____

____

____

Estúdio Lab 307

◆ Escreva os nomes dos produtos no campo **Pedidos**.
Atenção: só vale escrever os produtos que tenham **al**, **el**, **il**, **ol**, **ul** no nome.

3. Observe as figuras e complete os textos com as palavras dos quadros.

azul • bolsa • calça • especial

Carol

Na hora da festa, Carol veste ______________ preta e blusa ______________. O tênis de sola grossa e a ______________ nova dão um toque ______________.

Ilustrações: Estúdio Lab 307

inseparável • bolsos • algodão • alta

Gabriel

Gabriel veste camisa de ______________ com gola ______________ e bermuda com vários ______________. Ele não esquece seu ______________ boné.

◆ Agora, quem faz o desenho é você!

azul • legal • mel

Beatriz

Beatriz veste calça ______________ e blusa cor de ______________. Sua sandália nova é muito ______________.

4. Escreva outras palavras acrescentando a letra **l** depois das vogais destacadas.

c**a**ça ______________________

p**o**vo ______________________

c**a**da ______________________

c**a**ma ______________________

ama ______________________

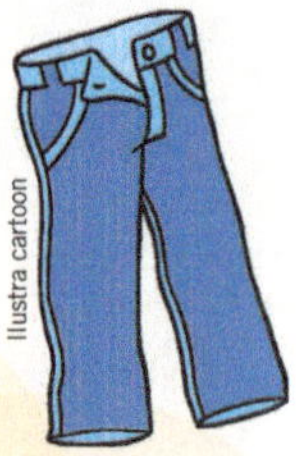
Ilustra cartoon

Adolar

5. Leia em voz alta estas palavras. Observe as terminações de cada uma.

c**éu** • m**el** • quart**el** • v**éu**

◆ Essas terminações:

☐ têm som igual, mas a escrita é diferente.

☐ têm som igual e escrita igual.

6. Complete este poema com as palavras do quadro.

aluguel • caracol • Rodolfo

Vicente Mendonça

O caracol viajante

Rodolfo é um ______________________. Ele adora viajar.

______________________ anda devagar. Ele não tem pressa de chegar.

Rodolfo leva a casa nas costas.

A barriga vai no chão. A cabeça vai no ar.

Rodolfo vive sempre satisfeito. Ele não tem ________________ pra pagar.

[...]

Sonia Junqueira. *O caracol viajante*. São Paulo: Ática, 2015.

DIVERTIDAMENTE

◆ Complete a cruzadinha de acordo com as pistas.
Atenção: você pode contar a quantidade de letras.

1. É o que as abelhas produzem.
2. Tempera a comida.
3. Hum... é bom e costuma vir em pote de vidro.
4. Não é parente do cachorro...
5. Vai bem com sorvetes!
6. É verde, mas não é papagaio...

11 ORGANIZAÇÃO DO PARÁGRAFO

Como seria o mundo governado por crianças? Leia este texto.

Bis

Se criança governasse o mundo... o trânsito seria uma maravilha.

Guerras, se existissem, não teriam tiros nem bombas. Terminariam sempre bem, com amigos e inimigos guardados juntos na caixa da paz.

Os bancos teriam dinheiro pra todos. Feito ali mesmo, rapidinho.

Marcelo Xavier. *Se criança governasse o mundo...* São Paulo: Formato, 2016.

1. Observe a seta no trecho abaixo.

> → Se criança governasse o mundo... o trânsito seria uma maravilha.

◆ Você sabe o nome desse espaço indicado pela seta?

____

2. No texto que você leu, há quantos espaços iguais a esse?

____

3. Quantas frases formam cada conjunto de frases após cada um desses espaços?

____

◆ Como você chegou a essa resposta?

____

Bis

Você já aprendeu que devemos usar os pontos para finalizar as frases. Os pontos organizam as frases de um texto e nos ajudam a compreendê-lo.

Outra maneira de organizar as frases de um texto são os **parágrafos**, representados por esses espaços.

4. Releia o texto da página anterior e pinte os pontos utilizados para finalizar todas as frases.

- Agora, observe as frases do texto.

  - [ ] Há espaço antes do início de todas as frases.
  - [ ] Há espaço antes do início de algumas das frases.

5. Agora, leia o texto escrito de outra maneira.

> Se criança governasse o mundo... o trânsito seria uma maravilha. Guerras, se existissem, não teriam tiros nem bombas. Terminariam sempre bem, com amigos e inimigos guardados juntos na caixa da paz. Os bancos teriam dinheiro pra todos. Feito ali mesmo, rapidinho.

a) Quantos parágrafos tem esse texto?

____

b) Compare a escrita dos dois textos. Eles são iguais?

____

____

6. Observe esta representação.

a) Essa imagem corresponde ao contorno do texto:

☐ de abertura deste capítulo.

☐ da atividade anterior.

b) Em qual dos dois textos foi mais fácil reconhecer cada frase e ler sem dificuldade? Explique.

____

____

____

7. Marque a afirmativa correta.

☐ O espaço dado no texto antes de algumas frases indica um parágrafo. Ele ajuda na organização e na compreensão do texto.

☐ O espaço dado no texto antes de algumas frases indica um parágrafo. Ele não é necessário.

CONCLUA!

Para organizar as frases de um texto usamos os ________________ e o ________________.

ATIVIDADES

1. Leia este texto.

> A casa da vovó é casa, não é apartamento. Tem galinha no quintal.
>
> A gente pode beber gelado, andar descalço, dormir tarde, na casa da vovó.
>
> Pode inventar sobremesa de pão com manteiga e açúcar, vovó finge que não vê.

Sonia Rodrigues Mota. *Casa das delícias*. São Paulo: Formato, 2016.

a) Observe as representações abaixo.

◆ Qual dessas imagens representa o texto? ____________________

b) O texto tem:

☐ duas frases e dois parágrafos.

☐ quatro frases e três parágrafos.

☐ duas frases e três parágrafos.

c) Escreva na representação correta as duas primeiras palavras de cada parágrafo.

2. Leia este texto. Ele está com os parágrafos embaralhados.

Ilustrações: Estúdio Lab 307

☐ Ele se jogou na cadeira e suspirou aliviado, feliz por ter chegado à casa grande e amarela.

☐ Rubião, coitado, entrou em casa todo esbodegado: o casaco rasgado, a camisa pra fora da calça e o cabelo despenteado.

☐ Todo mundo correu assustado pra saber o que tinha acontecido.

Lilian Sypriano. *No planeta anão tem inflação?* São Paulo: Formato, 2014.

a) Coloque o texto na ordem certa. Para isso, numere os quadros na ordem que faz mais sentido.

b) Quantos parágrafos tem o texto?

____

c) Localize e circule no texto os pontos que finalizam as frases.

d) O texto tem:

☐ a mesma quantidade de frases e parágrafos.

☐ mais frases que parágrafos.

3. Observe que o texto abaixo está desorganizado. Agora, reescreva o texto organizando os parágrafos e usando a pontuação correta. Empregue as letras iniciais maiúsculas.

vovó faz bolinho frito de banana, aquele que ninguém consegue fazer igual vovó faz engrossado de fubá pra gente tomar bem cedinho, mal se levanta da cama na casa da vovó os doces são mais gostosos.

Sonia Rodrigues Mota. *Casa das delícias*.
São Paulo: Formato, 2016.

Imaginário Studio

PARA ESCREVER MELHOR

ORTOGRAFIA: X E CH

Leia a resenha do livro *Que bicho mordeu?*.

http://portal.mec.gov.br/seb/arquivos/pdf/Avalmat/literatura_na_infancia.pdf

— Larga, Tixa, larga logo essa larga lagartixa.

Brincadeiras com os sons e os sentidos das palavras, principalmente com nomes de bicho, é o que você vai encontrar nesse livro. [...] O autor recorre a elementos do folclore e dos contos maravilhosos para compor seu mundo. [...]

Disponível em: <http://portal.mec.gov.br/seb/arquivos/pdf/Avalmat/literatura_na_infancia.pdf>. Acesso em: novembro de 2016.

1. Pinte de amarelo as palavras escritas com a letra **x** e de azul a palavra escrita com **ch**.

- Leia essas palavras em voz alta. As letras **x** e **ch** representam:

☐ o mesmo som. ☐ sons diferentes.

2. Organize as sílabas e escreva palavras em que a letra **x** representa o mesmo som que **ch**.

ra ca xí

____

re xe ta

____

xar gra en

____

bai em xo

____

- Escolha uma dessas palavras e crie uma frase.

____

3. Ligue as palavras ao seu significado. Se não souber alguma, consulte um dicionário ou peça ajuda ao professor.

chiado	abertura estreita, fresta, trinca
chuva	gotas de água que caem das nuvens
cheiro	grande volume de água da chuva
enxurrada	odor, perfume percebido pelo nariz
riacho	pequeno rio
rachadura	ruído contínuo

◆ Agora, complete as frases usando algumas dessas palavras.
Pista: siga os significados que você encontrou.

ruído contínuo	Este rádio está com muito ________________.
odor, perfume percebido pelo nariz	O ________________ das flores perfumava a sala toda.
grande volume de água da chuva	A ________________ arrastou o automóvel.
pequeno rio	A água do ________________ era muito limpa e clara.

4. Escreva as palavras nos quadros certos.

chuvisco • cheirar • chiar • cheirinho • chuvinha • cheiroso • chuvoso

cheiro	chiado	chuva
______	______	______
______	______	______
______	______	______

5. Leia as frases, observe as figuras e complete a cruzadinha.
Pista: todas as palavras têm a letra **x**.

É um jogo.
Vanessa Alexandre

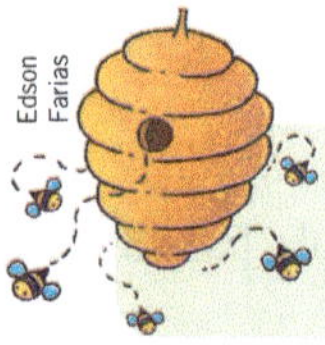
Edson Farias
Conjunto de abelhas.

Edde Wagner
Ferramenta com lâmina de aço.

Adolar
Tem asa, mas não é ave.

Estúdio Lab 307
Ajuda no combate à tosse.

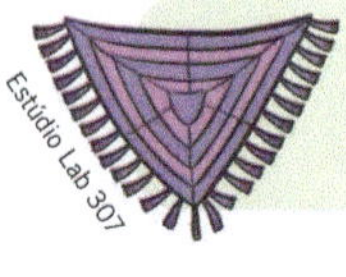
Estúdio Lab 307
Protege do frio.

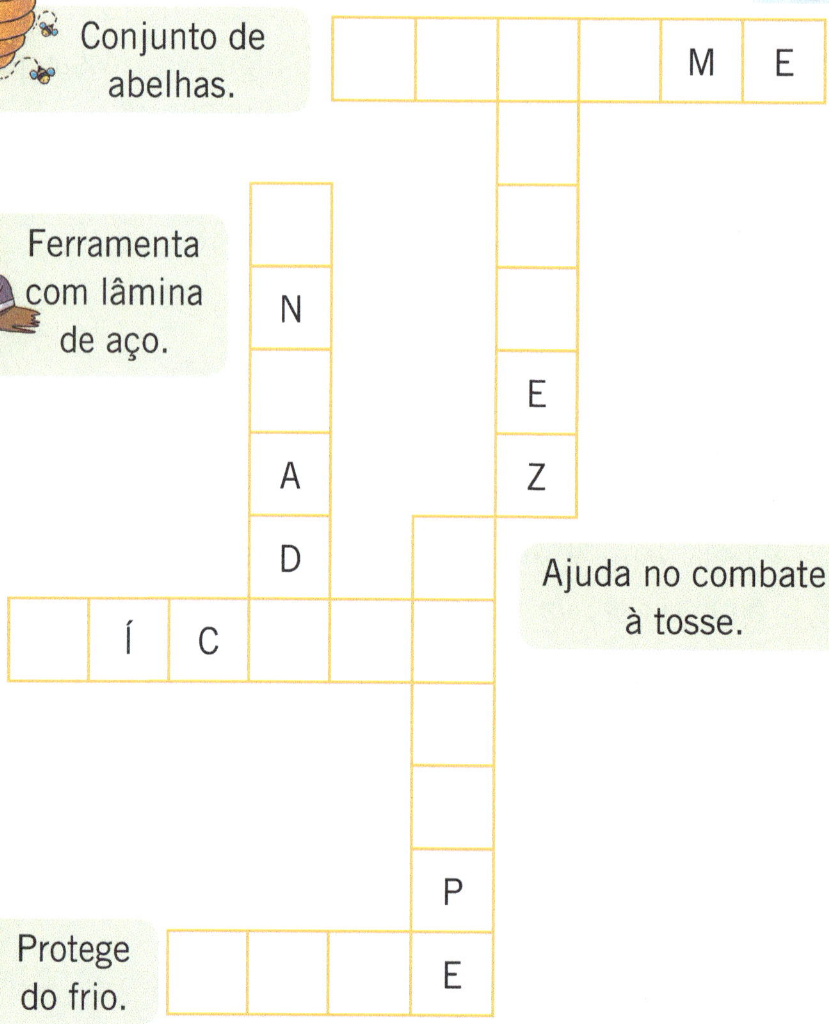

6. Encontre no diagrama oito palavras com **x** e com **ch**.

Q	U	E	I	X	A	D	A	A	Z	B	R	Z	H	I	A
Z	A	V	P	B	K	A	M	E	I	X	A	V	F	N	B
Z	A	P	C	V	W	U	H	C	H	A	P	É	U	Y	A
H	P	Y	H	M	X	C	V	C	A	I	X	A	E	V	C
L	A	G	A	R	T	I	X	A	M	S	S	R	A	W	A
M	A	C	V	R	T	I	X	A	L	P	P	C	A	W	X
P	T	E	E	R	C	H	I	M	P	A	N	Z	É	C	I

◆ Escreva nos quadros correspondentes as palavras que você encontrou.

Animais

Thanakorn Hongphan/Shutterstock

Abeselom Zerit/Shutterstock

____

____

____

Frutas

GooDween123/Shutterstock

____

____

____

Objetos

____

____

____

benjamas154/Shutterstock

7. Complete os versos com uma das palavras dos quadros.
Pista: as palavras usadas serão aquelas que têm as letras que você está praticando.

borracha • madeira • plástico

Quem me acha

[...] quem me acha?

Meu patinho de ______________________.

Ilustrações: Estúdio Lab 307

cãozinho • gatinho • peixinho

Nada mais estranho

que ______________________________

tomando banho.

marmelo • chinelo • cogumelo

Nada mais singelo

que preguiça de ______________________.

Almir Correia. *Poemas sapecas, rimas traquinas*. São Paulo: Formato, 2016.

◆ Organize nos quadros as palavras que você usou.

Palavras com **x**	Palavras com **ch**
______________________	______________________
______________________	______________________

DIVERTIDAMENTE

◆ Em cada diagrama, junte as sílabas e descubra se a palavra é com **x** ou **ch**. Depois, pinte os quadrinhos.

É com X ou CH?

CHO		XO
	CO	
LA	TE	

	BO	
	LA	CHA
	XA	

	CHÃO	
COL		
	XÃO	

CHÁ		XA
	CA	
		RA

CA	XO	
CHO	EI	
	RA	

	MA	
CHU		XU
	CA	DO

CHU	XU	
	CHU	

A		
	MEI	
XA		CHA

	PEI	
XA		CHA
	RI	A

	LI	
XO		CHO

	CO	
CHA		XA

	CAI	
XO		CHO
	TE	

REVISÃO

1. Leia as palavras do quadro.

abraço • almoço • berço • braço • cadarço
faço • moço • pescoço • roça • torço

◆ Agora, encaixe essas palavras nos diagramas. Escreva uma sílaba em cada quadrinho.
Pista: as imagens ajudam a localizar algumas palavras.

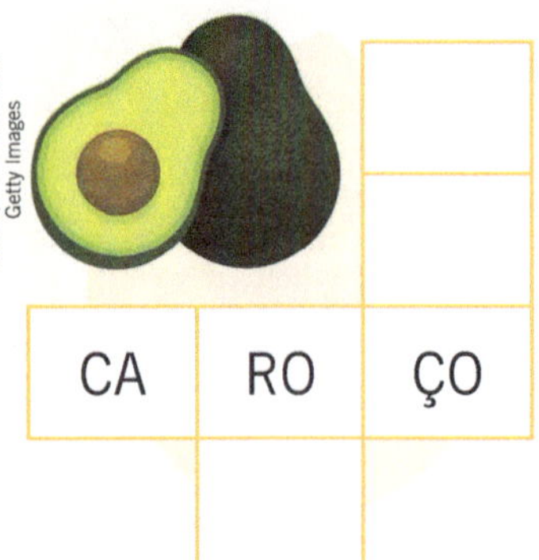

iStockphoto/Thinkstock/Getty Images

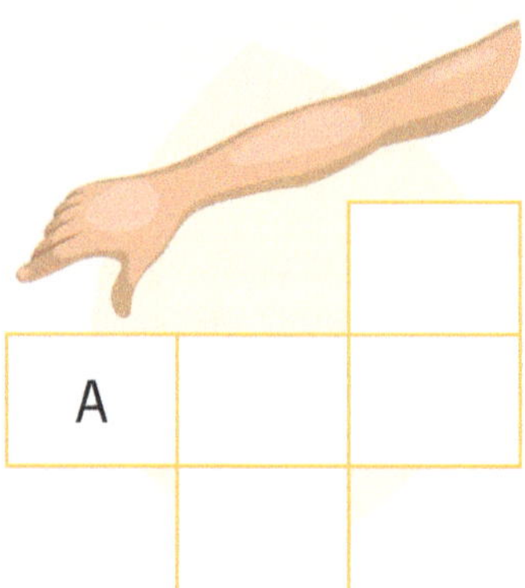

Spreadthesign/Shutterstock

Neonic Flower/Shutterstock

iStockphoto/Thinkstock/Getty Images

2. Complete as palavras com **r** ou **rr**, de acordo com o som indicado entre parênteses.

ca______o (som fraco) ca______o (som forte)

ca______eta (som forte) ca______eta (som fraco)

mu______o (som fraco) mu______o (som forte)

3. Leia o texto e observe as palavras destacadas.

> Todos os dias, pela **manhã**, pequenos sitiantes nas **regiões** mais secas do país utilizam água de poços para regar a **plantação**.

a) Agora, escreva as palavras do quadro abaixo nos grupos formados por essas palavras que você acabou de ler.
Pista: fique atento às terminações das palavras.

amanhã • algodão • avelã • canções
coração • estação • explicações • irmã
lã • orações • poluição • portões
ração • tobogã

Grupo da palavra manh**ã**	Grupo da palavra regi**ões**	Grupo da palavra plantaç**ão**
___	___	___
___	___	___
___	___	___
___	___	___
___	___	___

b) Observe as palavras que você escreveu nos grupos. O que elas têm em comum?

___

c) Sobre que letras se usa o til?

___

4. Dê um nome para estes animais, como se fossem de estimação.

Ilustrações: Cibele Queiroz

____________________ ____________________

- Nesses nomes, você usou:

☐ letra maiúscula. ☐ letra minúscula.

5. Ajude Pedro a percorrer o caminho correto para encontrar Luísa.
Pista: ele vai passar por muitos lugares e cruzar com pessoas.

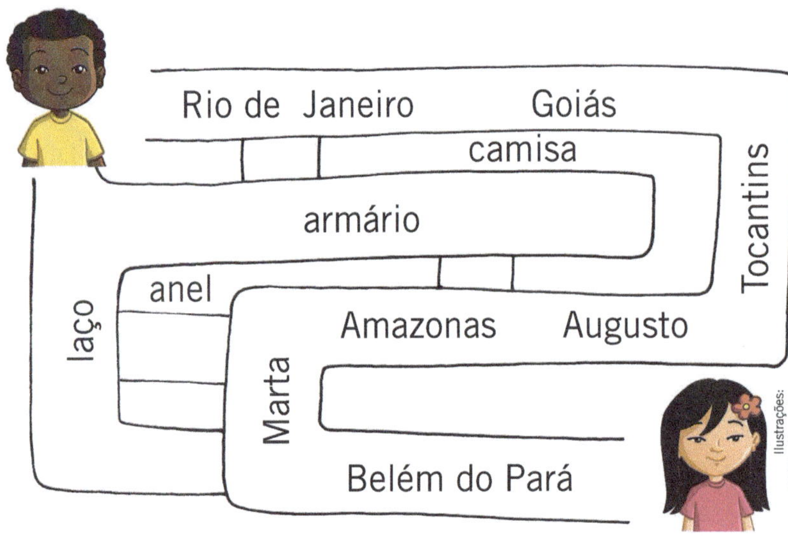

Ilustrações: Estúdio Chanceler

a) Escreva as palavras que você encontrou no caminho correto.

____

____

b) Complete a frase.

As palavras do caminho correto são escritas com letras iniciais ________________ porque são nomes de ________________ e de lugares.

6. Complete o poema com estas palavras.

barulhos • escuro • ratos • reclamam

O gato

Os ________________ todos me temem,
As gatinhas todas me amam.
Os vizinhos, com sono, ________________
Dos ________________ que eu faço no muro.
De noite eu brigo no ________________,
Sou muito valente, de fato.
Por isso todas suspiram:
"Tão lindo, tão ágil,
Que gato!"

Cibele Queiroz

Cláudio Thebas. *Amigos do peito*. São Paulo: Formato, 2016.

a) Escreva no quadro correspondente as palavras que você usou para completar o poema.

r no início da palavra
____
____

r entre duas vogais
____
____

b) Leia em voz alta as palavras do primeiro quadro e, depois, as do segundo.

- Comparando as palavras dos dois quadros, o som representado pela letra **r**:

☐ é igual. ☐ é diferente.

7. Escreva o nome das imagens nos quadros da primeira coluna. Em seguida, ligue os nomes com as palavras da segunda coluna.

marinho

verde

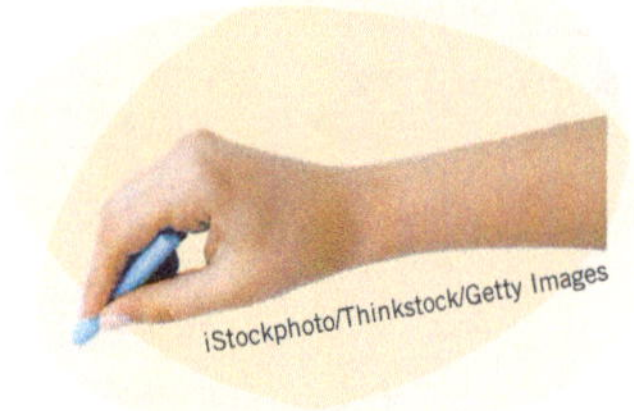

limpo

azul

a) Agora, escreva os pares de palavras que você ligou.

b) Circule a letra **l** usada após vogal nessas palavras.

8. Pinte as palavras que não têm a letra **r**.

algodão • anzol • azul • barco • caderno • calor • irmão • urso

◆ Leia as palavras que sobraram. Elas são escritas com:

☐ **al, el, il, ol, ul.** ☐ **ar, er, ir, or, ur.**

9. Leia as palavras e marque se elas são escritas com **x** ou **ch**. Depois, escreva as palavras.

	x	**ch**	Palavra
be_____iga			
sanduí_____e			
mo_____ila			
me_____erica			

◆ Nessas palavras, o som representado pelas letras **x** e **ch** é:

☐ igual. ☐ diferente.

10. Leia esta piada e pinte os pontos que encontrar. Depois, ligue cada frase à intenção que ela indica.

— Alô, de onde fala?

— É da sapataria.

— Ah, desculpe, número errado!

— Não faz mal, passe aqui
que a gente troca.

afirmação

expressão de um sentimento

afirmação

pergunta

Aníbal Litvin. *Piadas (muito) bobas*. Cotia, SP: V&R Editoras, 2007.

12 OS NOMES

Leia estas informações sobre a origem de duas frutas.

Banana

Ela veio da Malásia e dizem que foi trazida para o Ocidente por Alexandre, o Grande, que teria se encantado pelo sabor da fruta em sua viagem pela Ásia. Hoje ela pode ser encontrada no mundo todo e é bem comum no Brasil. Existem mais de mil tipos diferentes, usados também para fazer pratos doces e salgados.

Abacaxi

Nativa do Brasil, essa fruta já aparece em destaque nas primeiras mensagens escritas pelos portugueses [...]. Os colonizadores ficaram impressionados por seu sabor e aroma e pelo visual chamativo. Hoje é consumida no mundo inteiro, ao natural ou em forma de sucos e sorvetes.

Revista *Recreio*. Disponível em: <http://recreio.uol.com.br/noticias/natureza/de-onde-vem-cada-fruta.phtml#.VgfAksuqqko>. Acesso em: novembro de 2016.

1. Procure no texto e escreva o nome de:

um país: ______________________ uma fruta: ______________________

uma pessoa: ______________________ uma bebida: ______________________

2. Desses nomes, pinte no texto os que estão escritos com letra inicial maiúscula.

Escrevemos com letra inicial maiúscula os nomes de pessoas e de lugares (países, cidades, bairros).

ATIVIDADES

1. Escreva no quadro correspondente os nomes que você conhece.

Nomes de pessoas	Nomes de países	Nomes de frutas
____________	____________	____________
____________	____________	____________
____________	____________	____________

2. Complete as frases com os nomes que estão no quadro.

Brasil • fruta • Índia • laranja • limão • resfriados • saladas

Acredita-se que o coco tenha vindo da ____________.

O tomate é uma ____________ muito consumida em

____________.

O ____________ ajuda a combater ____________.

O ____________ é um grande produtor de ____________.

◆ Agora, complete a frase.

Duas das palavras que você usou são escritas com letra inicial

maiúscula porque são ________________________.

3. Leia estes versos.

O bairro onde moro é assim,
tem gente de tudo que é jeito.
Pessoas que são muito chatas,
e um monte de amigos do peito:

o Bruno do prédio da frente,
o Ricardo do sétimo andar,
o irmão da Lúcia da esquina,
o filho do dono do bar.

Cláudio Thebas. *Amigos do peito*.
São Paulo: Formato, 2016.

a) Circule os nomes das pessoas citadas nos versos.

b) Crie um nome para o irmão da Lúcia. ______________________

- Esse nome é escrito com letra inicial ____________________ porque é um nome de pessoa.

c) Escreva o nome do bairro onde você mora. ____________________

4. Os amigos do bairro fizeram uma festa junina. Complete a frase com nomes de vestimentas, de acordo com a figura.

Na festa junina, Lúcia usou ______________________________ rosa,

________________ no cabelo e ______________________ enfeitado.

PARA ESCREVER MELHOR

ORTOGRAFIA: **S INICIAL** E **SS**

Leia este *outdoor*, cartaz grande de propaganda que fica geralmente em ruas.

S-F/Shutterstock

Disponível em: <www.ecoconstrutorafavaretto.com.br/blog-ecoconstrutora/112-05-de-junho-dia-mundial-do-meio-ambiente>. Acesso em: setembro de 2016.

Desfrutá-la: aproveitar-se dela.

1. Leia em voz alta estas palavras do *outdoor* e observe as letras destacadas.

semente • po**ss**am

◆ A letra **s** inicial e as letras **ss** representam o mesmo som ou sons diferentes?

____

2. Pinte os quadrinhos com as sílabas por onde passam as setas e descubra palavras escritas com **s** ou com **ss**.

Pista: um quadrinho pode valer para mais de uma palavra.

PRE	TRA →	VES →	SEI →	RO
PAS ↓	VES ↓	ROS	EU	CRI
SA ↓	SA	A →	PRES →	SA ↓
RI ↓	BA	CIS	LE	DO
NHO	LES	VOU	NEM	LAS

Giz de Cera

a) Escreva as palavras que você descobriu.

____

____

b) As palavras que você encontrou:

☐ são escritas com **s**. ☐ são escritas com **ss.**

3. Complete cada provérbio com uma das palavras dos quadros.

A ____________________ é inimiga da perfeição.

pressa • presa

____________________________ e pardais não são todos iguais.

passinhos • passarinhos

Se conselho ______________________ bom não seria de graça.

fosse • seria

Mais vale um _____________________ na mão do que dois voando.

pêssego • pássaro

4. Complete as frases de acordo com as figuras.

Pista: todas as palavras são escritas com **s** ou **ss**.

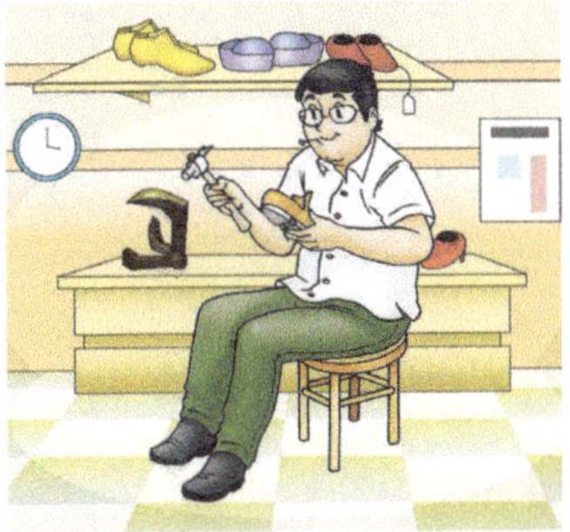

Lettera Studio

Felipe Camêlo

Quem conserta sapatos é o

________________________.

A torta é assada na

________________________.

Estúdio Brambilla

Felipe Camêlo

Para fazer pão devemos

preparar a ________________.

O girassol parece girar

olhando o ________________.

5. Complete o texto *Limeriques das coisas boas* com as palavras do quadro.

sorvete • isso • são

Delícias ____________________ mel e pudim,

__________________, cocada e quindim,

geleia e bombom — ai, como

__________________ é bom!

Delícias pra ti e pra mim.

André Valle

Tatiana Belinky. *Limeriques das coisas boas*. São Paulo: Formato, 2016.

6. Encontre no diagrama 12 palavras com as letras **s** ou **ss**.

A	P	A	S	S	E	I	O	Z	Q	T	J	Q	S	W	C
F	Q	I	H	A	S	S	O	B	I	A	R	A	U	Z	E
G	S	O	F	Á	Q	A	E	T	N	M	S	A	C	O	I
O	O	G	U	Z	I	S	E	D	E	X	S	C	O	P	B
V	N	W	Z	P	E	S	S	O	A	Q	I	X	R	S	S
E	H	Y	W	R	A	B	G	Q	Z	W	N	Q	O	S	A
C	O	U	K	H	P	A	S	S	A	D	O	Z	V	P	T
L	P	Ê	S	S	E	G	O	L	S	A	C	O	L	A	H

a) Escreva nos quadros correspondentes as palavras que você encontrou.

Palavras com **s**	Palavras com **ss**
______________	______________
______________	______________
______________	______________
______________	______________
______________	______________
______________	______________
______________	______________

b) Escolha uma palavra de cada quadro e crie uma frase para cada uma delas.

____

____

EURECA!

Desafio:

◆ Complete o diagrama com todas as palavras da lousa.

Atenção para algumas pistas!

- A primeira letra de todas as palavras é **A**.
- Os quadrinhos pintados da mesma cor têm a mesma letra.
- A quinta letra das palavras 3 e 4 é **D**.

1.		s	s								
2.		s	s								
3.		s	s								
4.		s	s								
5.		s	s	i							
6.		s	s						r		
7.		s	s								

13 MASCULINO E FEMININO

Leia este texto sobre as lembranças de um personagem em uma fazenda.

Todo janeiro, a fazenda dos meus avós, no interior de Minas, ficava estufada de primos e tios. Nada de compromissos, nada de horários. Férias! Você conhece bem o sabor dessa palavra, não é mesmo? Os dias começavam com uma bela mesa de café, e depois era só brincar, brincar e brincar.

Marcelo Xavier. *Mitos – O folclore do Mestre André.*
São Paulo: Formato, 2011.

1. Quem relata os fatos nesse texto está recordando:

☐ o último fim de semana. ☐ as férias de infância.

2. Quais familiares visitavam a fazenda dos avós?

____

Observe e complete com os nomes correspondentes.

os primos → **as** ____________

os tios → **as** ____________

masculino **feminino**

Podemos formar **nomes femininos** correspondentes a **nomes masculinos**.

Antes dos nomes masculinos, usamos as palavras **o**, **os**, **um**, **uns**.
Antes dos nomes femininos, usamos as palavras **a**, **as**, **uma**, **umas**.

3. Observe estes nomes que aparecem no texto e escreva as palavras que os acompanham.

☐ sabor ← nomes masculinos → ☐ dias

☐ fazenda ← nomes femininos → ☐ bela mesa

ATIVIDADES

1. Complete o quadro.

o, a, os, as	um, uma, uns, umas
________ café	________ caderno
________ férias	________ mesa
________ horários	________ primos
________ família	________ palavras

a) Pinte no quadro os nomes femininos de azul e os masculinos de verde.

b) Complete as frases.

Antes dos nomes masculinos, podemos usar ________, ________, ________, ________.

Antes dos nomes femininos, podemos usar ________, ________, ________, ________.

2. Complete o quadro com nomes femininos e masculinos.
Pista: observe as palavras já escritas.

Nomes femininos	Nomes masculinos
a	o
as	os
uma	um
umas	uns

3. Ligue cada animal com seu par. Depois, escreva o nome masculino.

vaca

Ilustrações: André Valle

____

galinha

____

gata

____

4. Complete o convite com um nome feminino ou masculino.

Convidamos os alunos e as __________________ a participar da campanha de doação de livros.

Converse com seu ______________________ ou sua professora e saiba como participar.

5. Leia estes nomes masculinos. Escreva a forma feminina correspondente.

filho ______________________ sogro ______________________

neto ______________________ padrasto ______________________

cunhado ______________________ amigo ______________________

genro ______________________ vizinho ______________________

a) Como você formou o feminino desses nomes? Marque a resposta correta.

- [ ] Acrescentei **-a** em todas as palavras.
- [ ] Troquei **-o** por **-a** em todas as palavras.
- [ ] Troquei **-o** por **-a** em quase todas as palavras.

b) Quais são os nomes que não seguiram a mesma regra dos outros?

____

____

CONCLUA!

Geralmente, o feminino das palavras é formado pela letra final

________ e o masculino, pela letra final ________.

6. Leia este texto e observe os nomes masculinos destacados.

Bisavô

Um dia eu vou ser o **pai**
do **avô** do **neto** do meu **filho**.

Leo Cunha. *Poemas avoados*.
São Paulo: Saraiva, 2011.

a) Escreva esses nomes na primeira coluna do quadro. Depois, escreva o feminino correspondente.
Atenção: não se esqueça do título do poema.

Nomes masculinos	Nomes femininos

b) Agora, organize esses pares de nomes de acordo com o processo de formação do feminino.

- Troca de **-o** por **-a**.

____

- Mudança na acentuação e pronúncia.

____

- Emprego de outra palavra.

____

PARA ESCREVER MELHOR

ORTOGRAFIA: **S** E **Z** APÓS A VOGAL

Leia estes versos.

Estúdio Lab 307

Boi no pasto,
que felicidade.
Mas que desgosto
boi na cidade.

Lugar de boi
não é no asfalto.
É no meio do mato,
onde sempre foi.
[...]

Otoniel S. Pereira. *Bichário: poemas*. São Paulo: Formato, 2010.

1. Observe as letras destacadas nestas palavras retiradas do texto.

p**as**to → **a + s**

d**es**g**os**to → **e + s** **o + s**

vogal seguida da letra **s**

a) Agora, releia os versos e escreva outras palavras que tenham vogal seguida da letra **s**.

____

b) Nessas palavras, você encontrou:

- [ ] **u + s**
- [ ] **e + s**
- [ ] **o + s**
- [ ] **a + s**
- [ ] **i + s**

2. Complete somente os nomes de animais que têm o **mesmo** grupo de letras que você marcou na atividade anterior.
Pista: três nomes não têm o mesmo grupo.

______no

______quilo

c______tor

av______truz

v______pa

a) Escreva os nomes que você não completou.

____

b) Esses nomes apresentam:

- ☐ **u + s**
- ☐ **e + s**
- ☐ **o + s**
- ☐ **a + s**
- ☐ **i + s**

3. Complete as frases com os nomes das figuras.

Vi uma ____________________ cadente.

A menina quebrou o ____________________.

No café da tarde, serviremos pão e ____________________.

Mamãe fritou ____________________.

A menina escolheu o ____________________ azul para a festa.

Ilustrações: Estúdio Lab 307

4. Leia em voz alta estas palavras. Pinte as palavras que tenham vogal seguida da letra **s**.

giz	lápis	paz	posto

a) Que palavras você não pintou? ______________________

b) Nessas palavras, há vogais seguidas de que letra? __________

CONCLUA!

As vogais podem ser seguidas da letra **s** ou da letra **z**. Nesses casos:

☐ há diferença de pronúncia quando se usa a letra **s** ou **z**.

☐ não há diferença de pronúncia.

5. Escreva cada palavra da cesta no quadro adequado.
Pista: observe as terminações das palavras.

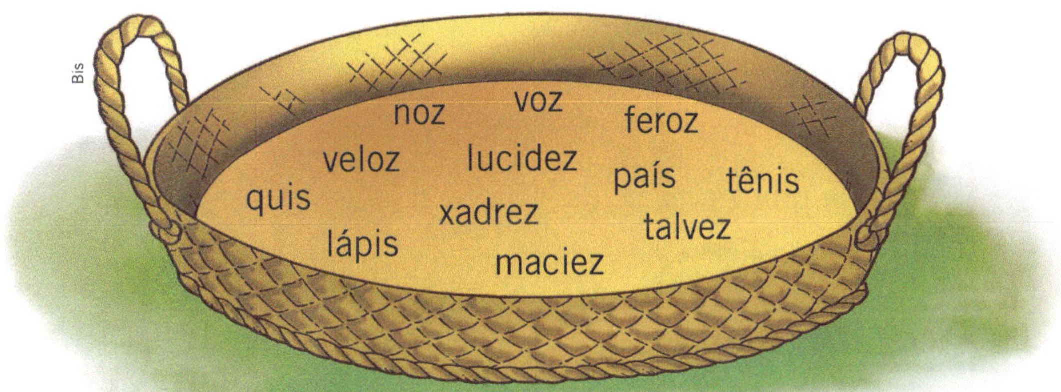

arroz	seis	vez
______	______	______
______	______	______
______	______	______
______	______	______

6. Marque a coluna com as letras que completam as palavras. Depois, escreva as palavras.

	az	ez	iz	oz	uz	Palavras
cap_____						
cart_____						
cr_____						
vel_____						
acid_____						
infel_____						
arr_____						

◆ Todas as palavras do quadro são escritas com a letra _________ no final.

7. Complete as frases indicando as horas marcadas nos relógios.

Ilustra Cartoon

São ____________________ horas e quinze ____________________.

Bis

São oito ____________________ e ____________________ minutos.

Ilustra Cartoon

São ____________________ horas e ____________________ minutos.

Adolar

São ____________________ horas e ____________________ minutos.

◆ Circule as palavras com **as**, **es**, **is**, **os** e **ez** que você usou.

8. Organize o caderno de receitas com os nomes de pratos doces ou salgados do quadro.
Pista: use a ordem alfabética para organizá-los!

Bolo de castanha	Biscoito de nata
Iscas de bacalhau	Arroz-doce
Doce de damasco	Pescada frita
Rosbife	Rosca com creme
Cuscuz de galinha	Suspiro

Estúdio Lab 307

◆ Circule as vogais seguidas de **s** ou **z**.

DIVERTIDAMENTE

VAMOS BRINCAR DE INVESTIGADOR?

- Observe as figuras e encontre os objetos que não pertencem à casa.

Pistas:

1. A casa do **S** tem 5 objetos intrusos.
2. O cômodo do vizinho **Z** tem 4 intrusos.
3. Os nomes dos objetos não terminam com a letra da casa onde estão.

Estúdio Lab 307

◆ Agora, escreva o nome de cada objeto na coluna correspondente.

Palavras com final **s**	Palavras com final **z**
____________________	____________________
____________________	____________________
____________________	____________________

14 SINGULAR E PLURAL

Leia este limerique.

Na vida há muita beleza,
amigos, amor, natureza,
há risos, sabores,
há sons e há cores.
Deixemos pra lá a tristeza!

Tatiana Belinky. *Limeriques das coisas boas.* São Paulo: Formato, 2016.

1. De acordo com o limerique, por que devemos deixar de lado a tristeza?

____

____

2. Compare as palavras do quadro.

amig**o**	—	amig**os**
sabo**r**	—	sabor**es**

◆ Que palavras indicam mais de um elemento?

____

Quando uma palavra indica **um elemento**, ela está no **singular**. Quando ela indica **mais de um elemento**, está no **plural**. Por exemplo:

amig**o** → Singular: só um amigo.

amig**os** → Plural: dois ou mais amigos.

Bis

ATIVIDADES

1. Escreva o singular ou o plural das palavras do quadro.

Singular	Plural
vida	
amor	
	risos
	sons
	cores

2. Complete o texto com as palavras do quadro.

Cibele Queiroz

asas • atores • beija-flores • pernas • piruetas

Beija-flores: balé no ar

Conheça os ______________, aves incríveis que conseguem parar no ar e até voar para trás!

Eles são exibidos, inventam ______________ [...]. Temos a impressão de assistir a um balé. A única diferença é que os ______________ desse espetáculo não têm ______________ e braços e sim ______________. [...]

Revista *Ciência Hoje das Crianças On-Line*. Disponível em: <chc.org.br/beija-flores-bale-no-ar/>. Acesso em: novembro de 2016.

CONCLUA!

As palavras que você usou para completar o texto da atividade anterior estão:

☐ no singular. ☐ no plural.

3. Observe as letras destacadas nas palavras do quadro.

pão pães

Singular	Plural
avi**ão**	avi**ões**
m**ão**	m**ãos**
p**ão**	p**ães**

→ terminações **-ões**, **-ãos**, **-ães**

◆ Observe as terminações do plural e escreva as palavras formadas.

	Terminação do plural	Palavra
pi______	-ões	
cart______		
lim______		
coraç______		
bal______		
irm______	-ãos	
gr______		
cidad______		
p______	-ães	
c______		
capit______		

4. Descubra palavras na faixa. Pinte cada uma de uma cor.

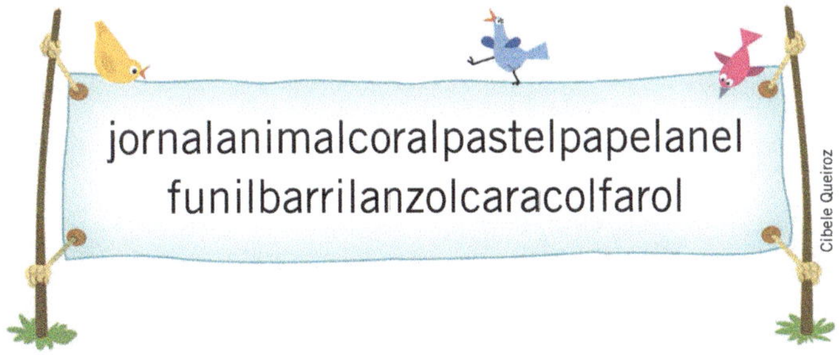

Cibele Queiroz

◆ Agora, escreva essas palavras no singular e no plural nos quadros correspondentes.

	Singular	Plural
-ais		

	Singular	Plural
-éis		

	Singular	Plural
-is		

	Singular	Plural
-óis		

5. Complete a ficha com as informações de Miguel. Use as palavras do quadro no plural.

ano • avião • azul • botão
castanho • escuro • história

Kamira/Shutterstock

Olhos: ______________________.

Cabelos: ______________________.

Idade: 7 ________________.

O que quer ser quando crescer: piloto de ________________.

Gosta de vestir: bermudas e regatas ________________.

Leitura preferida: ________________ em quadrinhos.

Brincadeira favorita: jogo de ________________.

Leia estas informações.

Cérebro poderoso!

Feche a mão direita. Dê um pulo. Movimente a cabeça. Pense no número do telefone de sua casa. Chame um amigo... Para fazer tudo isso, seu corpo é comandado pelo cérebro. É por isso que esse órgão ganhou a fama de ser nosso computador.

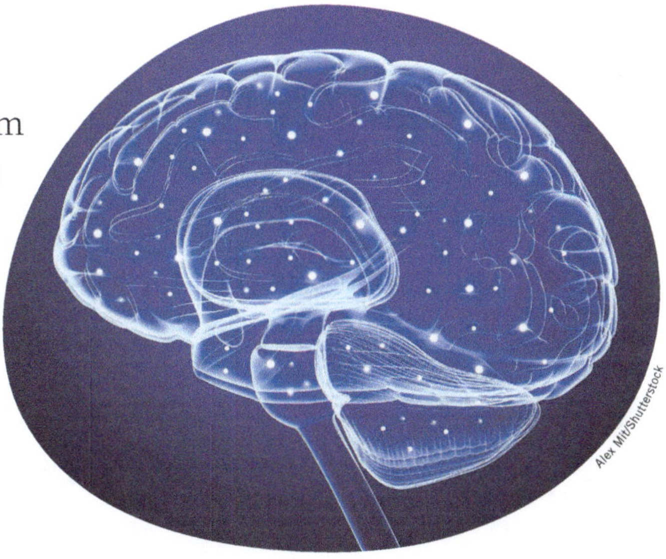

Revista *Recreio*. Disponível em: <http://recreio.uol.com.br/noticias/corpo-humano/saiba-tudo-sobre-o-seu-cerebro.phtml#.Vg407Pmqqkp>. Acesso em: novembro de 2016.

1. Leia em voz alta estas palavras do texto.

podero**s**o • ca**s**a • fa**z**er

◆ Nessas palavras:

☐ as letras **s** e **z** representam o som /ze/.

☐ a letra **s** representa o som /se/.

2. Circule as palavras em que a letra **s** representa o som /ze/.

assado • bolsa • casa • fantasia • gasolina
mesa • presente • saída • sapato

3. Leia estas palavras.

PISAR ROSADO CASARÃO CASINHA CASEBRE ROSEIRA PISADA PISOTEIO

◆ Agora, escreva as palavras das placas nos quadros correspondentes.

Edson Farias

casa
______
______
______

piso
______
______
______

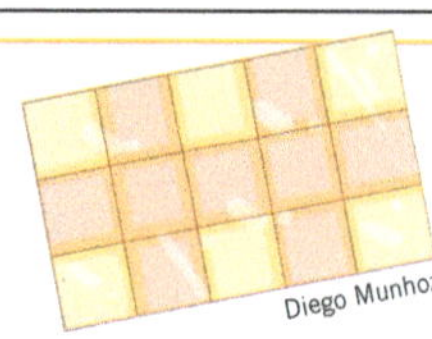

Diego Munhoz

Nid Arts

rosa
______
______
______

a) Pinte as letras que vêm antes e depois do **s** nas palavras que você escreveu.

◆ Essas letras são: ☐ consoantes. ☐ vogais.

b) Nessas palavras, a letra **s** representa o som:

☐ /se/. ☐ /ze/.

CONCLUA!

Quando a letra **s** aparece na palavra entre ______________

ela representa o som ______________.

DIVERTIDAMENTE

◆ Substitua os símbolos pelas letras correspondentes e decifre o texto.

= s   = ss   = z

O be____ouro é um in____eto que po____ui dua____ a____as fininha____, qua____e tran____parente____, coberta____ por dua____ a____as dura____, que fa____em um forte ____umbido quando ele voa. Na Flore____ta Ama____ônica há uma e____pécie gigante. E____e be____ouro chega a pe____ar cerca de 70 grama____.

Ilustrações: BIS

◆ Agora é a sua vez! Releia o texto e observe os códigos usados. Depois, escolha um animal, realize uma pesquisa sobre ele e escreva o que aprendeu usando os mesmos códigos. Será que alguém consegue decifrar o seu texto?

____

____

____

____

____

____

DE OLHO NA LÍNGUA

1. (SAEB – Provinha Brasil) Quantas palavras a frase tem?

Eu quero uma coxinha.

a) ☐ 1
b) ☐ 2
c) ☐ 3
d) ☐ 4

2. (ANA D8) Reescreva as frases substituindo as gravuras pelos respectivos nomes.

O  rói a roupa do  de Roma.

____

O  arranha a .

____

3. (SAEB – Provinha Brasil) Faça um **X** no quadrinho onde está escrito **peixe**.

a) ☐ ameixa
b) ☐ azeite
c) ☐ peito
d) ☐ peixe

Ilustrações: Adolar

4. (ANA) Observe.

Ilustrações: Adolar

sa_____to

piru_____to

maca_____

cava_____

_____neca

meni_____

◆ Agora, marque a alternativa que corresponde aos nomes dos desenhos:

a) ☐ macaco, cavalo, bola, sapo, pipa e pirulito.

b) ☐ boneca, cavalo, sapato, casa, foca e menino.

c) ☐ sapato, pirulito, macaco, cavalo, boneca e menino.

d) ☐ menino, boneca, pirulito, macaco, foca e sapo.

15 AUMENTATIVO E DIMINUTIVO

Observe a figura.

1. Quem ficou em primeiro lugar no concurso?

____

2. Quem ficou em terceiro lugar no concurso?

____

3. Compare os animais da cena. O cachorro vencedor tem:

☐ tamanho grande.

☐ tamanho médio.

☐ tamanho pequeno.

Os nomes dos animais que ficaram em 1º e 3º lugar no concurso indicam tamanho.

Observe.

cachorr**inho** → cachorro + -inho → **diminutivo**

cachorr**ão** → cachorro + -ão → **aumentativo**

Nessas palavras, a terminação **-inho** indica tamanho pequeno e a terminação **-ão** indica tamanho grande.

CONCLUA!

As palavras com a terminação **-inho** indicam diminutivo e as palavras com terminação **-ão** indicam ________________.

ATIVIDADES

1. Escreva o diminutivo e o aumentativo destes nomes de animais.

cavalo →	→	
coruja →	→	
formiga →	→	

◆ Pinte as terminações do diminutivo de vermelho e as do aumentativo de azul.

2. Escreva o diminutivo destas palavras:

pássaro ______________________________

peixe ______________________________

coelho ______________________________

gato ______________________________

3. Leia as palavras do quadro.

avião • buracão • calorão • caminhão
coração • janelão • pavão • porão

a) Todas as palavras terminadas em **ão** indicam tamanho grande?

____

b) Escreva apenas as palavras que indicam aumento de tamanho.

____

____

4. Agora leia estas palavras.

andorinha • caminho • latinha • risadinha • sabonetinho • vizinho

a) Todas as palavras terminadas em **inho** ou **inha** indicam tamanho pequeno?

____

b) Escreva apenas as palavras que indicam tamanho pequeno.

____

____

5. Leia a tirinha.

Turma do Xaxado.

a) Escreva as palavras da tirinha que estão no diminutivo.

____

____

b) Circule nos nomes que se referem a animais a terminação que indica o diminutivo.

- Agora, escreva essas palavras sem indicar tamanho pequeno:

bichinho ____________________

passarinho ____________________

c) Escreva as palavras da tirinha terminadas em **ão**.

____

- Todas essas palavras indicam tamanho grande?

☐ Sim ☐ Não

d) Que palavra da tirinha está no aumentativo?

____

e) Se você pudesse escolher, seria um bichinho ou um bichão? Qual?

____

6. Procure no diagrama cinco palavras na forma diminutiva.

O	A	M	T	R	E	N	Z	I	N	H	O	C	D	A	S
R	M	Ã	O	Z	I	N	H	A	H	L	V	O	S	R	Z
D	C	H	I	L	T	U	E	F	A	I	G	E	O	L	O
T	I	A	N	Ã	O	Z	I	N	H	O	Z	I	F	E	T
H	A	Z	A	O	I	R	M	Ã	Z	I	N	H	A	T	E
E	C	A	F	E	Z	I	N	H	O	O	A	N	E	H	S
S	R	E	O	S	L	T	A	U	B	R	G	U	S	I	H

a) Escreva as palavras que você descobriu.

____

____

____

____

Alan Carvalho

b) Pinte a terminação das palavras que você escreveu.

c) Essas palavras:

☐ estão no diminutivo e terminam em **-inho**, **-inha**.

☐ estão no diminutivo e terminam em **-zinho**, **-zinha**.

CONCLUA!

Para formar o diminutivo das palavras podemos usar

as terminações **-inho**, **-inha**, ____________________

ou ____________________.

PARA ESCREVER MELHOR

ORTOGRAFIA: S, C, Ç, SS

Observe este rótulo com atenção. Leia todas as informações que ele apresenta.

Ilustrações: Bis

1. Agora, leia em voz alta estas palavras do rótulo. Observe as letras destacadas do quadro.

suco • ver**s**o • re**c**eita

◆ Nessas palavras, as letras **s** e **c**:

☐ representam o mesmo som.

☐ representam sons diferentes.

2. Separe as sílabas das palavras nos diagramas, de acordo com as cores. Observe o exemplo.

necessário | coração | delícia
conserva | açúcar | doce

	ne	ces
sá	rio	

3. Complete a cruzadinha com os nomes das figuras.

◆ Leia as palavras da cruzadinha em voz alta. Nelas, as letras **ss**, **ç**, **c**, **s** representam:

☐ o mesmo som. ☐ sons diferentes.

4. Complete as frases com as palavras do quadro.

crianças • passos • pulseira • saber • salsicha

- ______________ inteligente ajuda a localizar ______________.
- Tudo o que você precisa ______________ sobre a ______________.
- Quantos ______________ você dá por dia?

Revista *Galileu*. Disponível em: <http://revistagalileu.globo.com/>. Acesso em: novembro de 2016.

Nas palavras que você escreveu:

- [ ] as letras **ç**, **ss** e **s** representam o mesmo som.
- [ ] as letras **ç**, **ss** e **s** representam sons diferentes.

5. Escreva as palavras do quadro nas frases adequadas.

açúcar • conservado • fabricação • necessário

O suco deve ser ______________ na geladeira.

Antes de comprar, olhe a data da ______________.

Não é ______________ pôr água.

Se quiser, ponha ______________.

- Nessas palavras, o som /*se*/ é representado pelas letras:
  - [ ] s, ç, ss, c, ns.
  - [ ] s, ç, c, ss, es.
  - [ ] s, ç, c, ss, ç.

EURECA!

◆ Junte as letras dos diagramas e forme pelo menos duas palavras para cada um deles.

Pistas:

1. Todas as palavras têm uma das seguintes letras: **s**, **ç**, **ss**, **c**.
2. Você pode juntar letras na horizontal, na vertical e na diagonal. Só não pode pular letras.

Exemplo

B	S →	A
↓	↑	↑
O →	L	S
		↑
M →	A →	S

bolsa – massa

Thinkstock/Getty Images

C	A	L
O	Ç	O
R	A	U

____

____

____

S	E	L
A	U	D
N	A	E

____

____

____

A	P	O
E	D	S
C	O	S

____

____

____

REVISÃO

1. Complete os quadros com nomes que comecem com a letra **a**.

Nome de pessoa

Nome de fruta

Nome de animal

Ilustrações: André Valle

a) Agora, escreva as palavras que têm letra inicial maiúscula.

____

◆ Essas palavras têm inicial maiúscula porque elas:

- [ ] estão no início de parágrafos.
- [ ] são nomes de pessoas.

b) Escolha uma palavra de cada quadro e escreva uma frase para cada uma delas.

Atenção: não se esqueça de usar letra inicial maiúscula e pontuação.

____

____

____

2. Complete as adivinhas populares com as palavras dos quadros. Depois, escreva as respostas.

O que é, o que é?

São ______________ irmãos,

cinco têm ______________

e dois não têm.

sete • sobrenome

Adivinha popular.

Dá um espirro

E vira pelo ______________?

avesso

Adivinha popular.

______________ dois irmãos irmanados:

um ______________ se come cru

e o outro só se come ______________?

são • só • assado

Adivinha popular.

a) Pinte de azul as palavras que você escreveu com a letra **s** e de vermelho com as letras **ss**.

b) Nessas palavras, o som representado por **s** e **ss**:

☐ é o mesmo.

☐ é diferente.

3. Leia as palavras em voz alta e observe o som das letras destacadas.

fanta**s**ia	de**z**oito

Ilustrações: André Valle

a) Complete as palavras com as letras **s** ou **z**.

a_____aleia	de_____ena	de_____enove
ri_____o	a_____ia	ri_____ada
vi_____inho	me_____a	
sobreme_____a	vi_____inhança	
a_____edo	fanta_____iado	
a_____edar	fanta_____iar	

Vicente Mendonça

b) Agora, organize as palavras nos quadros correspondentes.

Palavras com **s**	Palavras com **z**
_____	_____
_____	_____
_____	_____
_____	_____
_____	_____
_____	_____
_____	_____
_____	_____

4. Escreva o nome feminino correspondente.

boi ____________________ professor ____________________

tio ____________________ leão ____________________

5. Escreva o nome dos animais na forma diminutiva. Veja o exemplo.

Edson Farias

No passeio, vi uma macaca com dois...	macaquinhos.
Encontrei um ninho de periquitos com dois...	
Vi no zoológico uma leoa com dois...	
Neste parque, mora uma coruja com duas...	

6. Leia o texto e observe as palavras que dão nome a animais.

O **animal** que pasta — como **cavalo** e **vaca** — tem o olho localizado em cada lado da cabeça

Biry Sarkis

a) Agora, complete o texto com o plural desses nomes.

Os ________________ que pastam — como ________________ e ______________ — têm os olhos localizados em cada lado da cabeça.

b) Marque as palavras que formam o plural como:

- animal.

☐ boi ☐ varal ☐ mãe ☐ sinal ☐ pão

- vaca.

☐ boi ☐ varal ☐ mãe ☐ sinal ☐ pão

DIVERTIDAMENTE

Seja o rei ou a rainha desta brincadeira

◆ Pinte na figura apenas o nome feminino que corresponde ao masculino de cada quadro.

padrinho

senhor

irmão

rei

cavalo

André Valle

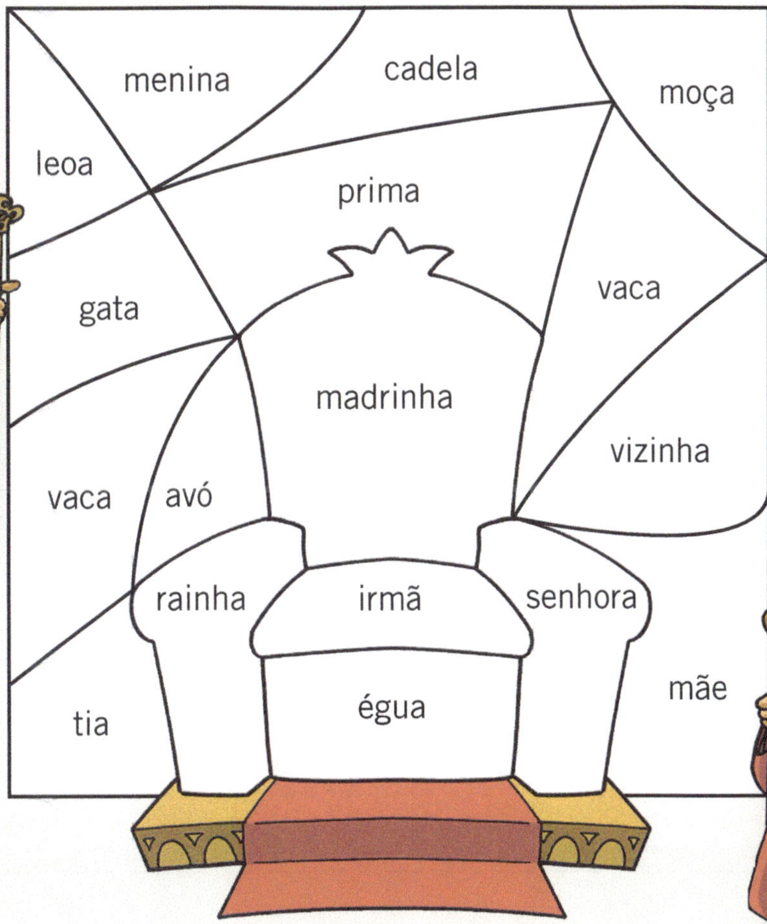

◆ Que figura apareceu?

____

16 ANTÔNIMOS

Observe esta capa de livro e a fala destacada.

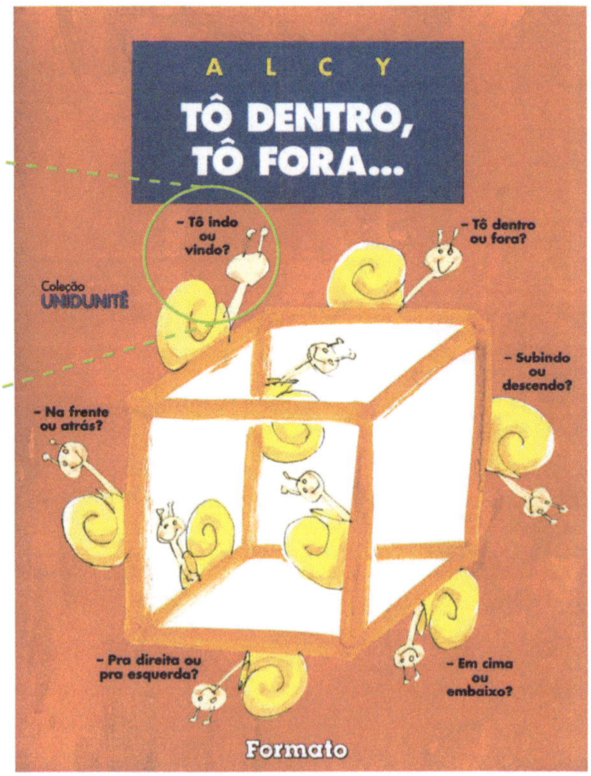

Editora Formato

Alcy. *Tô dentro, tô fora...* São Paulo: Formato, 2016. Capa.

1. As palavras **indo** e **vindo** têm sentido igual ou contrário entre elas?

____

2. Releia o título do livro e escreva as palavras com sentido contrário.

____

Uma palavra que apresenta sentido contrário, oposto em relação ao de outra, é chamada de seu **antônimo**. Assim, **indo** é o antônimo de **vindo**; **dentro** é o antônimo de **fora**.

Bis

3. Escreva outros antônimos, encontrados na imagem da capa do livro.

na frente ____________________ em cima ____________________

direita ____________________ subindo ____________________

ATIVIDADES

1. Descubra no diagrama os antônimos das palavras destacadas abaixo. Depois, complete as expressões.

L	B	A	C	Z	B	C	V	E	R	D	E	U	J	I	N
H	E	L	U	I	R	U	I	M	A	S	A	S	O	D	O
A	J	E	R	H	A	R	E	S	C	U	R	A	T	R	A
R	U	G	T	I	N	A	E	M	D	A	R	E	B	U	R
O	T	S	O	E	C	O	N	D	E	R	N	I	A	C	D
N	N	I	G	R	O	S	S	O	Q	U	O	N	H	E	E

sapato **preto** → sapato ____________________

sanduíche **gostoso** → sanduíche ____________________

cordão **fino** → cordão ____________________

cabelo **comprido** → cabelo ____________________

noite **clara** → noite ____________________

fruta **madura** → fruta ____________________

2. Ligue cada placa ao antônimo da palavra destacada.

BIS

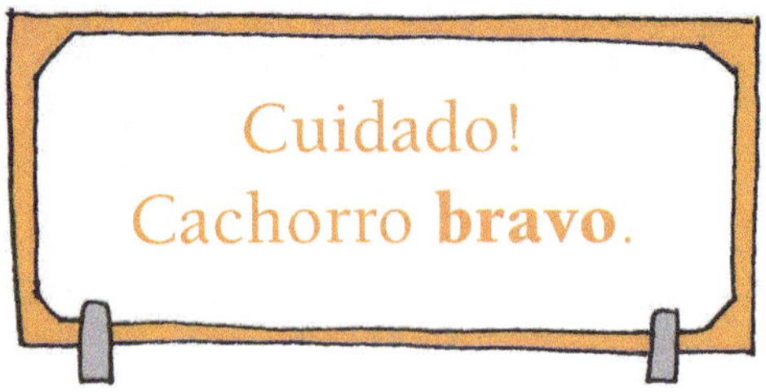

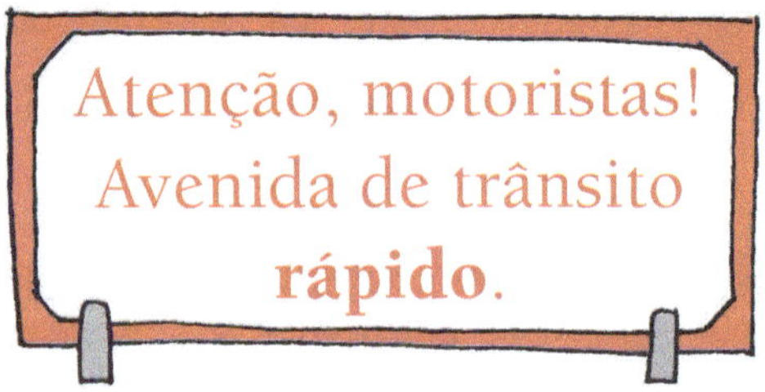

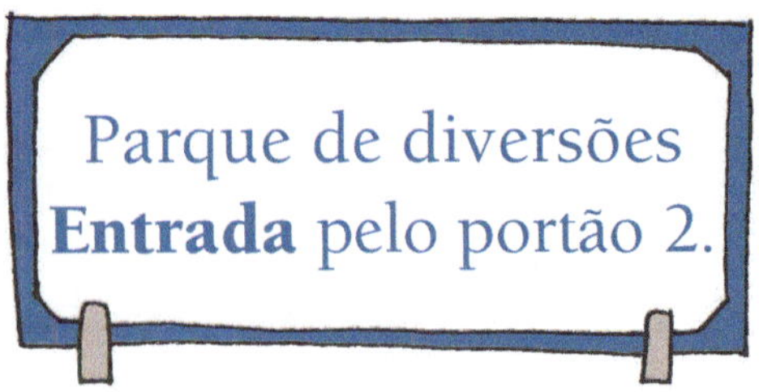

saída

lento

fim

manso

3. Escreva frases para cartazes usando o antônimo das palavras dos quadros.

acesa

___

___

suja

___

___

4. Reescreva as frases, substituindo as palavras destacadas pelos antônimos correspondentes.

PROMOÇÃO!
Misto-**quente**
com suco.

____
____
____

Ilustrações: André Valle

Pipoca **doce**:
R$ 1,50 cada.

____
____
____

Camisetas tamanho
pequeno. Várias cores.

____
____
____

Em liquidação:
sapatos de salto **alto**.

____
____
____

CASA BRASIL
Compram-se móveis **novos**.

____
____
____

Amanhã: dia **ensolarado**.

____
____
____

5. Observe as figuras dos animais e leia as informações sobre eles. Depois, escreva uma frase usando os antônimos. Veja o exemplo.

INFORMAÇÕES
- **Local:** oceano
- **Antônimos:** perigoso • inofensivo

Ilustrações: André Valle

O tubarão é considerado o animal mais perigoso do oceano. O mais inofensivo é o cavalo-marinho.

INFORMAÇÕES
- **Local:** florestas brasileiras
- **Antônimos:** veloz • lento

___

___

___

INFORMAÇÕES
- **Local:** nosso país
- **Antônimos:** conhecido • desconhecido

___

___

___

INFORMAÇÕES
- **Local:** Terra
- **Antônimos:** maior • menor

___

___

PARA ESCREVER MELHOR
ORTOGRAFIA: GE E GI

Leia este título de notícia.

http://entretenimento.r7.com/

Pacific Press/Corbis/Fotoarena

Disney On Ice leva a magia das produções animadas para a quadra de patinação no gelo

Disponível em: <http://entretenimento.r7.com/mulher/disney-on-ice-leva-a-magia-das-producoes-animadas-para-a-quadra-de-patinacao-no-gelo-27052015-1>. Acesso em: novembro de 2016.

1. Releia estas palavras e observe as sílabas destacadas.

ma**gi**a	**ge**lo
↓	↓
gi	**ge**

a) Escreva as palavras abaixo no quadro correspondente.

congelado • mágico • geladeira • gelado • mágica

ma**gi**a

gelo

b) Circule as sílabas **ge** e **gi** nas palavras que você escreveu.

CONCLUA!

As palavras da família de **gelo** escrevem-se com ______ e as da família de **magia** escrevem-se com _______.

2. Junte as peças do quebra-cabeça e forme palavras.

gela | via | gem | gila | refri | tica | ginás | gerante | ligente | ar | gê | tina | va | inte | meo | gem

___

___

___

___

3. Leia estas palavras em voz alta.

ga	ve	ta

gi	ra	fa

a) Pinte as sílabas em que aparece a letra **g**.

b) Nessas sílabas, a letra **g** representa:

☐ o mesmo som. ☐ sons diferentes.

4. Observe, nestas palavras, as sílabas em que aparece a letra **g**. Depois, pinte a letra que vem em seguida ao **g**.

girino	gaivota	margarida	Gilberto
gentil	gigante	gorila	girassol
Gabriela	guri	gengibre	garagem

◆ Leia as palavras em voz alta, prestando atenção no som representado pela letra **g**.

CONCLUA!

A letra **g** representa o som **/je/** antes das vogais _______

e _______

5. Escreva o nome das figuras na cruzadinha.

a) As palavras que você usou na cruzadinha escrevem-se:

☐ com a letra **g**. ☐ com a letra **j**.

b) Nessas palavras, a letra **g** representa o som ____________.

6. Escreva um nome do quadro para cada criança.

Geni • Regina • Gilmar • Geraldo • Gina

Thinkstock/Getty Images

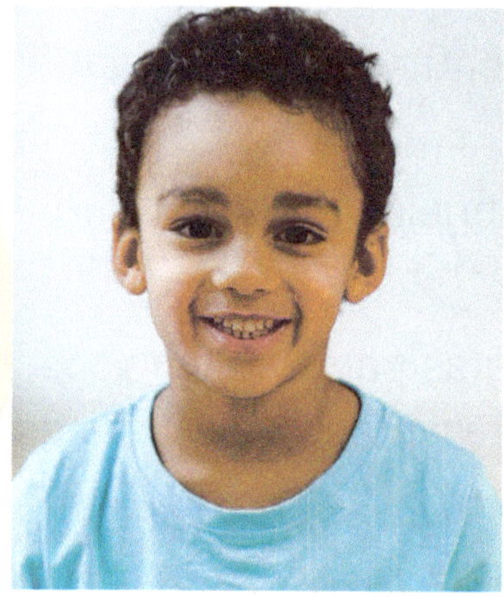
Samuel Borges Photography/Shutterstock

Thinkstock/Getty Images

Thinkstock/Getty Images

Lan Images/Shutterstock

- Nesses nomes, a letra **g** representa:
  - [ ] o mesmo som.
  - [ ] sons diferentes.

7. Ligue as colunas e forme palavras. Veja o exemplo.

cora	gem	coragem
via		
folha		
persona		
passa		
gara		
aprendiza		
baga		

a) Complete as frases com as palavras que você formou.

É preciso ______________________ para enfrentar o perigo.

Minha ______________________ para Sergipe foi ótima.

O carro ficou guardado na ______________________.

Chapeuzinho Vermelho é ______________________ de um conto.

A ______________________ pelo túnel está fechada.

A ______________________ dessa planta está murcha.

A turma do 1º ano teve uma ótima ______________________.

A ______________________ do meu tio foi extraviada.

b) Descubra qual dessas palavras pode ser escrita nos quadrinhos se separarmos suas sílabas.

EURECA!

VAMOS EXERCITAR?

Esta é uma atividade de troca-letra e troca-sílaba.

Passe por cada etapa do circuito e siga as orientações dos atletas. Você vai descobrir a palavra que significa "exercício especializado que fortalece os músculos e deixa o corpo mais flexível".

1. Leia em voz alta a palavra abaixo.

GERALDO

Ilustrações: Paulo Manzi

2. Retire a sílaba **DO** dessa palavra. Que palavra você formou?

3. Continue! Troque a sílaba **RAL** pelas sílabas **LADO**. Escreva a palavra formada.

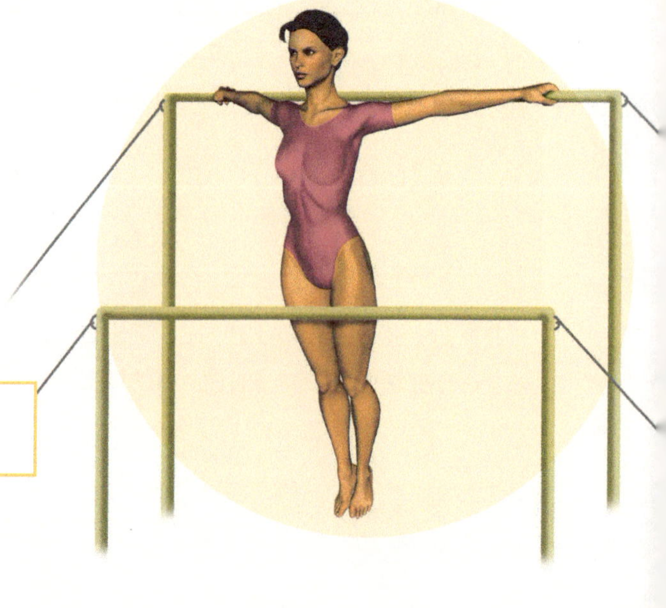

4. Na palavra formada, troque agora as sílabas **LADO** pelas sílabas **MIDO**.

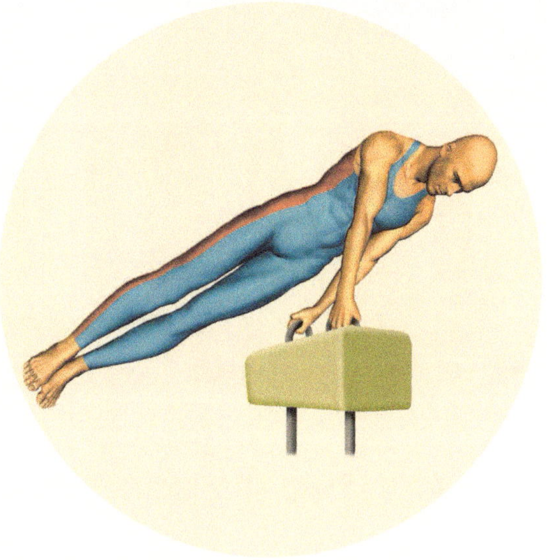

5. Troque as sílabas **MIDO** pelo grupo de letras **NTIL**.

6. Estamos chegando lá! Troque o grupo de letras **ENTIL** por **INA**.

7. Agora, coloque um acento na letra **A** e acrescente o grupo de letras **STICA**. Pronto! Você já descobriu a palavra!

17 ADJETIVOS

Você já viu uma arara? Leia um texto sobre essa ave.

Araras

As araras estão entre os pássaros mais belos da fauna brasileira. São aves grandes, e possuem um bico curvo resistente usado para quebrar frutos e sementes. [...] Suas penas têm colorido forte como o vermelho, azul e amarelo [...]. Vivem em casais nas copas das árvores mais frondosas e fazem seus ninhos em ocos de árvores. Além de tudo são muito barulhentas e adoram uma algazarra.

Gerson Gerloff/Pulsar Imagens

Disponível em: <www.portalamazonia.com.br/secao/amazoniadeaz/interna.php?id=361>. Acesso em: novembro de 2016. Adaptado.

1. Esse texto serve para:

- [ ] ensinar um jogo.
- [ ] deixar um recado.
- [ ] informar o leitor.
- [ ] divertir o leitor.

2. Marque as palavras que descrevem as araras.

- [ ] grandes
- [ ] barulhentas
- [ ] vivem
- [ ] adoram

Podemos descrever animais, pessoas, lugares, objetos, com palavras que mostram como eles são. Por exemplo:

- pássaros **belos**
- bico **resistente**
- árvores **frondosas**

Essas palavras são chamadas de **adjetivos**.

Bis

ATIVIDADES

1. Observe as listas de palavras. Em uma, você tem nomes de animais. Na outra, você tem características. Ligue as colunas.

Ilustrações: André Valle

esquilo	colorida
arara	venenosa
garça	feroz
onça	esperto
serpente	branca

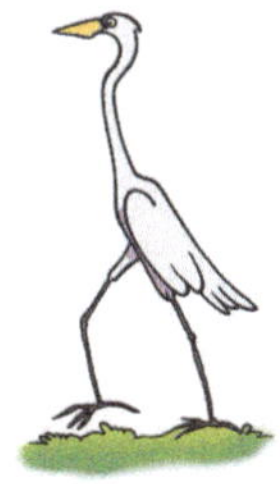

◆ Escolha um animal e sua característica e escreva uma frase.

____

2. Escolha três adjetivos do quadro para descrever cada figura.

amarela • asfaltada • estreita • fundo • limpo • linda
longo • madura • pequenina • saborosa • saudável • vazia

Ilustrações: Cibele Queiroz

 rio	borboleta 	rua 	fruta 
____________	____________	____________	____________
____________	____________	____________	____________
____________	____________	____________	____________

3. Escolha um adjetivo da cesta para descrever cada fruta.

laranjas ______________________ pêssegos ______________________

pitangas ______________________ goiabas ______________________

jabuticabas ______________________ bananas ______________________

4. Marque com um **X** os adjetivos que indicam as características do que há em sua escola. Você pode marcar mais de uma característica.

a) Prédio:

☐ pequeno. ☐ médio. ☐ grande.

b) Alunos:

☐ comportados. ☐ barulhentos. ☐ obedientes.

c) Salas de aula:

☐ confortáveis. ☐ espaçosas. ☐ claras.

5. Encontre doze adjetivos no diagrama.

M	A	L	E	G	R	E	T	L	O	I	R	O	L
A	L	T	O	M	L	L	O	I	R	A	D	E	U
G	O	M	O	R	E	N	A	M	A	G	R	A	D
R	E	S	T	U	D	I	O	S	O	R	I	L	T
O	E	S	T	U	D	I	O	S	A	O	U	T	R
T	R	I	S	T	E	M	O	R	E	N	O	A	I

a) Escreva os adjetivos que você encontrou.

____

____

____

b) Pinte os adjetivos que descrevem você.

6. Complete as frases com uma das expressões do quadro.

O Brasil é _______________________________________.

um país grande • um lugar bom para viver • uma nação alegre

A Floresta Amazônica é _______________________________.

imensa • maravilhosa • muito grande

O sul do Brasil é ___________________________________.

muito frio • muito distante • muito bonito

◆ Em cada frase, circule o adjetivo que você usou.

PARA ESCREVER MELHOR

ORTOGRAFIA: GUE E GUI

Observe esta página de um diário e escreva o nome dos animais.

Cidade dos Bichos, 15 de julho de 2017.

Meus animais preferidos

Querido Diário,
Olha que lindos esses bichos!

PCHT/Shutterstock

____

Filip Fuxa/Shutterstock

____

Photodisc/Getty Images

____

Digital Vision/Keystone

____

Nacho Such/Shutterstock

____

Digital Vision/Keystone

____

Ondrej Prosicky/Shutterstock

____

Ingram/Other Images

____

Elliot Hurwitt/Shutterstock

____

1. Escreva os nomes dos animais da atividade anterior que têm a letra **g**.

____

a) Pinte nessas palavras as sílabas que têm a letra **g**.

b) Leia esses nomes em voz alta. Neles, o som representado pela letra **g** e pelo grupo **gu**:

☐ é o mesmo em todas as palavras.   ☐ é diferente em algumas palavras.

2. Que letras aparecem depois do grupo **gu** nas palavras **guepardo** e **preguiça**? ______________________

◆ Nessas palavras, a letra **u**:

☐ é pronunciada.   ☐ não é pronunciada.

CONCLUA!

Em algumas palavras, não pronunciamos a letra ______ nas sílabas **gue** e ______.

3. Complete o quadro de acordo com o exemplo.

fogo		fo		ra
manga				
figo			**guei**	
manteiga				
pitanga				

◆ Nas palavras que você formou, a letra **u** da sílaba **guei**:

☐ é pronunciada.   ☐ não é pronunciada.

4. Ligue a fotografia ao nome do animal.

Photodisc/Getty Images

DragoNika/Shutterstock

chris froome/Shutterstock

caxinguelê | águia | jegue

5. Escolha entre **gue** e **gui** para completar as palavras e escreva-as.

	gue	gui	Palavra
conse____r			
pin____-pon____			
____tarra			
fo____te			
____ar			

◆ Nos grupos **gue** e **gui** dessas palavras, a letra **u**:

☐ é pronunciada. ☐ não é pronunciada.

6. Leia este trecho de uma cantiga.

Fui ao mercado comprar jerimum.
Veio a formiguinha e picou o meu bumbum.
E eu sacudi, sacudi, sacudi,
Mas a formiguinha não parava de subir.

Cantiga popular.

Estúdio Lab 307

◆ Observe o modelo e continue a sequência:

formiga formiguinha barriga __________

amigo __________ figa __________

DIVERTIDAMENTE

QUEM ESTÁ ESCONDIDA NESTE QUADRO?

- Pinte de azul todos os adjetivos que encontrar e de amarelo as palavras com **gue** e **gui**.

18 VERBO

Você gosta de pular corda? Observe a capa de uma revista infantil.

1. O assunto principal da publicação é:

- [ ] pular corda é a brincadeira favorita das crianças.
- [ ] meninos e meninas gostam de pular corda.
- [ ] pular corda faz bem para a saúde.

Bis

2. Releia o trecho e observe as palavras destacadas.

Eu **pulo**, tu **pulas**, ele **pula**... nós **pulamos** corda!

◆ Essas palavras indicam como as meninas e os meninos são ou o que eles e elas fazem?

____

Na frase, a palavra **pular** indica uma **ação**. Essa palavra recebe o nome de **verbo**.

ATIVIDADES

1. Complete a fala das crianças com que elas fazem.

Ilustrações: André Valle

Eu ____________________ bola.

Nós ____________________ bola.

Ele ____________________ bola.

2. Leia esta quadrinha.

Vesti-me toda de novo

Vesti-me toda de novo
E **calcei** sapato baixo
Para passar entre o povo
E procurar quem não **acho**.

Fernando Pessoa. *Quadras ao gosto popular.* Disponível em: <http://arquivopessoa.net/textos/1916>. Acesso em: novembro de 2016.

a) Escreva as palavras destacadas na coluna correta.

vestir	calçar	achar

b) Complete a frase.

◆ Essas palavras são ______________________ porque indicam, na quadrinha, a ação de uma pessoa.

c) Circule na quadrinha mais dois verbos com a terminação **-ar**.

3. Descubra quatro verbos no diagrama.

D	R	A	A	P	C	O	R	R	E	M	O	M
M	A	T	N	M	E	S	I	R	H	A	G	A
A	N	A	D	A	M	I	S	A	R	E	F	I
E	A	T	A	H	N	C	E	J	O	G	A	M

◆ Complete as frases com os verbos que você descobriu.

Luís e Mariana __________________________ na praça.

Juliana __________________________ de bicicleta.

As crianças ________________________ pingue-pongue.

Tomás e Paulo __________________________ todos os dias.

4. Ligue o início e o fim das frases de modo que façam sentido.

As meninas	brincávamos alegremente.
Nós	divertiam-se com as brincadeiras.
Os alunos	joguei bola a tarde inteira.
Eu	dançaram na festa junina.

◆ Agora, escreva as frases que você formou.

____

____

____

____

5. Coloque as palavras em ordem e forme frases para descobrir informações sobre um jogo.

Estúdio Lab 307

o jogo de bola muito antigamente de gude Alguém inventou.

____

na areia da brincam em praças, no quintal As crianças ou praia.

____

◆ Circule os verbos das frases que você formou.

PARA ESCREVER MELHOR

ORTOGRAFIA: **QUE** E **QUI**

Leia os versos desta cantiga.

André Valle

Quem quiser aprender a dançar,
vai à casa do Juquinha.
Ele pula, ele dança,
ele faz requebradinha.

Cantiga popular.

1. Escreva as palavras da cantiga que têm **qu**.

____

____

a) Pinte as letras que vêm depois do **qu**.

- Essas letras são as vogais:

☐ e. ☐ i. ☐ o.

b) Leia em voz alta as palavras que você escreveu.

- Nessas palavras, a letra **u** das sílabas **que** e **qui**:

☐ é pronunciada. ☐ não é pronunciada.

CONCLUA!

Em algumas palavras, não pronunciamos a letra ________

nas sílabas **que** e ________.

2. Observe.

re**que**bradinha → sílaba **que**

quiser → sílaba **qui**

a) Leia as palavras do quadro.

aquilo • aquele • choque • esquisito • leque
máquina • moleque • pesquisa • querer • quilo

b) Pinte de azul as palavras que têm a sílaba igual a **quiser** e de vermelho as palavras com sílaba igual a **requebradinha**.

c) Agora, escreva as palavras nas colunas correspondentes.

Palavras com **que**	Palavras com **qui**
______________________	______________________
______________________	______________________
______________________	______________________
______________________	______________________
______________________	______________________

d) Pinte as sílabas **que** e **qui** das palavras que você escreveu.

e) Nessas palavras, a letra **u** das sílabas **que** e **qui**:

☐ é pronunciada.

☐ não é pronunciada.

3. Ligue os nomes às definições correspondentes.

mosquito	uma ave
pé de moleque	um inseto
caqui	um doce
periquito	uma fruta
esquilo	um roedor

a) Agora, escreva os nomes de acordo com as figuras.

Lie A. Kobayashi

Roberto Weigand

Edson Farias

Carolina Sartório

Estúdio Lab 307

b) Nas palavras que você escreveu, a letra **u** das sílabas **que** e **qui**:

☐ é pronunciada. ☐ não é pronunciada.

4. Você conhece o quero-quero? Leia este trecho de um poema sobre essa ave.

Quero-quero

Quero-quero é um passarinho
grande, bonito e atrevido.
Faz ninho em qualquer lugar
e nunca vive escondido.
[...]
Quero-quero é gente boa
que vive em paz com o vizinho.
Mas ataca todo aquele
que quer mexer no seu ninho.

Carlos Pimentel. *Jardim Zoilógico*.
São Paulo: Formato, 2013.

a) Circule no poema as palavras que têm **que**.

b) Agora, escreva no diagrama algumas palavras do poema que têm **que** e descubra o que o quero-quero come.

Atenção: cada quadrinho corresponde a uma letra.

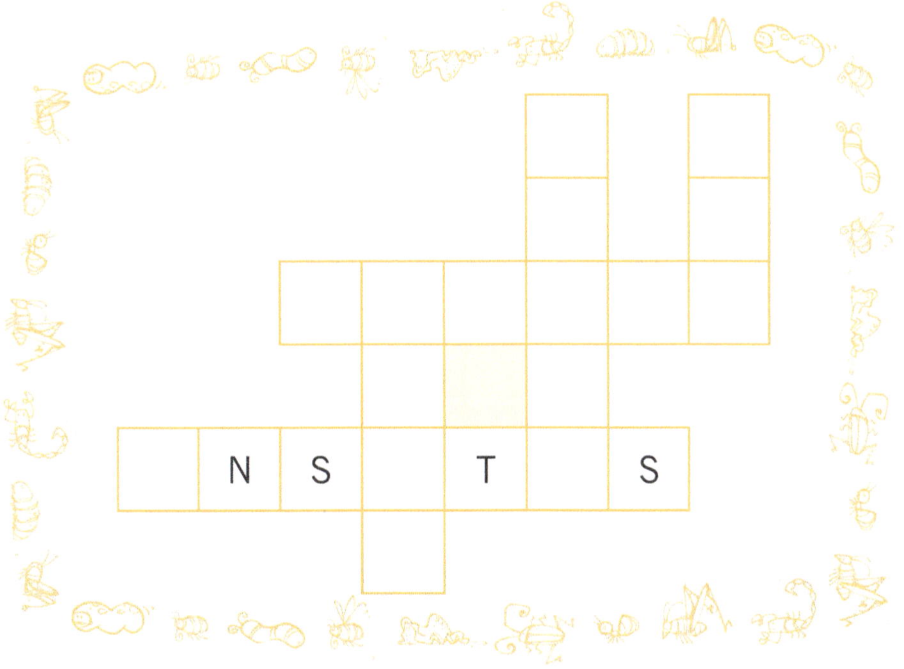

c) O que o quero-quero come?

____

5. Complete as frases com uma das palavras dos quadros, de acordo com as figuras. Veja o exemplo.

macaco macaquinho

Ilustrações: Cibele Queiroz

O ___macaquinho___ se agarra às costas da mãe.

focas foquinhas

As ______________________ brincam com a bola.

porcos porquinhos

A porca teve dois ______________________.

6. Escolha **que** ou **qui** para completar as palavras. Depois, escreva as palavras no cardápio.

Palavras	que	qui
se_____lho		
_____ijadinha		
pé de mole_____		
_____bra-queixo		
pan_____ca doce		

Cardápio

____

____

____

____

____

DIVERTIDAMENTE

AJUDE O HENRIQUE E SEU FILHO A ENCONTRAREM O QUEIJO.

◆ Pinte o único caminho em que todas as palavras são escritas com **que** ou **qui**.

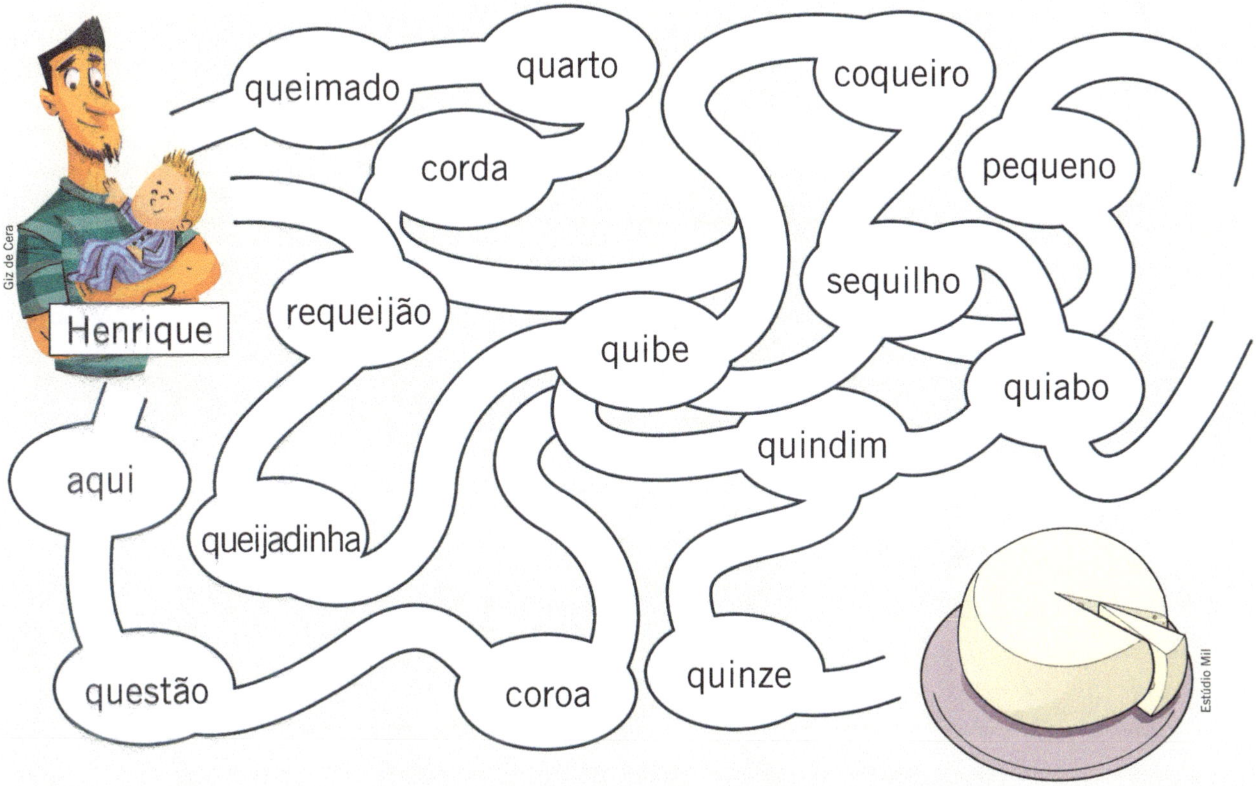

◆ Das palavras do caminho, quais são nomes de alimentos?

REVISÃO

1. Escreva os antônimos.

longe: ______________________ sujeira: ______________________

bonito: ______________________ cheio: ______________________

corajoso: ______________________ grosso: ______________________

2. Descubra no diagrama nove adjetivos que podem descrever a água.

Q	F	S	G	E	L	A	D	A	C	B	P	W
U	R	Q	X	U	I	M	T	F	R	I	A	G
E	E	L	N	E	C	E	S	S	Á	R	I	A
N	S	I	I	O	C	L	O	R	W	N	S	W
T	C	M	O	C	L	A	R	A	M	A	U	I
E	A	P	X	M	O	R	N	A	F	C	J	M
X	G	A	J	K	A	O	W	T	B	A	A	P

Adolar

3. Leia a lista e circule a segunda palavra de cada expressão.

✓ bexigas vermelhas
✓ doces gostosos
✓ brincadeiras divertidas
✓ pipoca salgada

◆ As palavras que você circulou são:

☐ nomes. ☐ adjetivos.

4. Siga as setas e forme palavras. Pinte de azul as palavras que você formou.

FI	MEU	MEO	SIL	TO	NA
LA	GÊ	CRIS	GES	VI	RIO
GIO	EM	GI	DO	MA	TÓ
LO	BOR	RAR	LA	TEM	RA
E	EM	GE	NAS	GI	VA

a) Circule a letra **g** das palavras que você encontrou.

b) Nessas palavras, a letra **g** é pronunciada como:

☐ gue. ☐ je. ☐ gui. ☐ ji.

5. Você conhece estes animais? Escreva o nome deles.

Ingram/Other Images

Photodisc/Getty Images

worldswildlifewonders/Shutterstock

Rob Hainer/Shutterstock

Photodisc/Getty Images

6. Leia este texto e observe os verbos destacados.

Escritores **gostam** de **acabar** um capítulo e **começar** outro. **Incentiva** e **dá** descanso. Nessa pausa, o escritor **aproveita** para **beber** água, **ir** ao banheiro, **comer** alguma coisa, **olhar** para fora, **falar** com alguém.

Julieta de Godoy Ladeira. *Até mais verde – Uma fábula do fim do mundo. E do começo.* São Paulo: Atual, 2016.

- Agora, complete as frases de acordo com os verbos destacados.

Escritores **gostam** de escrever.

Eu ______________________ de ouvir música.

Eles ______________________ de nadar.

Nós ______________________ de brincar.

O escritor **falou** com alguém.

Eles ______________________ com o diretor.

Eu ______________________ com minha mãe.

Nós ______________________ sobre meio ambiente.

O escritor **aproveitou** a pausa para beber água.

Eu ______________________ o intervalo para brincar.

Eles ______________________ as férias para descansar.

Nós ______________________ a festa para dançar.

DE OLHO NA LÍNGUA

1. (PNAIC) Marque um **X** no quadrinho onde está escrito o nome de cada figura.

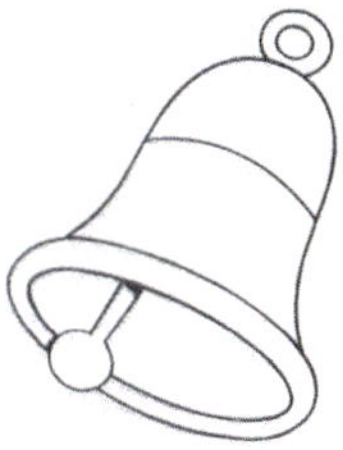

a) ☐ sino
b) ☐ sinal
c) ☐ cinco
d) ☐ circo

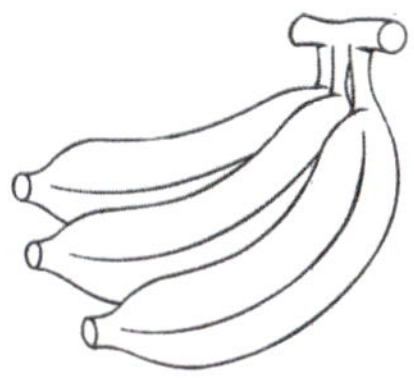

a) ☐ batata
b) ☐ barata
c) ☐ banana
d) ☐ baleia

a) ☐ canela
b) ☐ janela
c) ☐ panela
d) ☐ janeiro

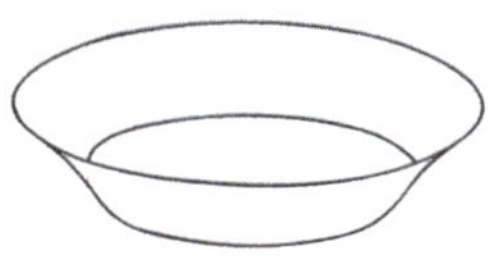

a) ☐ praça
b) ☐ broto
c) ☐ braço
d) ☐ prato

2. (SAEB – Provinha Brasil) Faça um **X** onde está escrito o nome do desenho.

a) ☐ gorila
b) ☐ girafa
c) ☐ gilete
d) ☐ gigante

3. (SAEB – Provinha Brasil) Faça um **X** no quadrinho onde está escrito o nome **caranguejo**.

a) ☐ caranguejo
b) ☐ carrapato
c) ☐ caramujo
d) ☐ caramelo

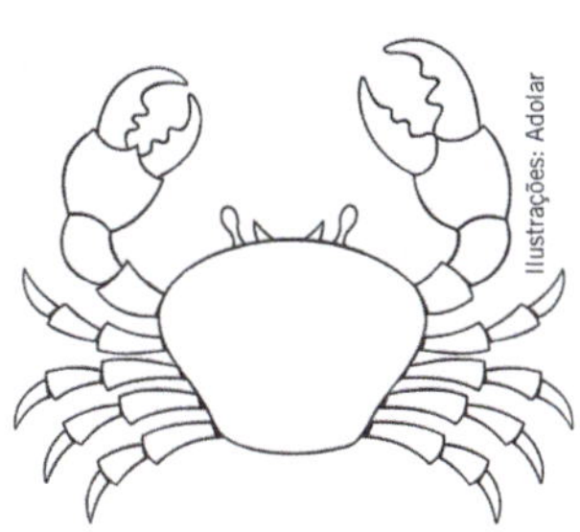

Ilustrações: Adolar

4. (SAEB – Provinha Brasil) Faça um **X** no quadrinho onde está escrito o nome **formiguinha**.

a) ☐ farmacinha

b) ☐ formiguinha

c) ☐ viuvinha

d) ☐ vizinho

Adolar

5. (PNAIC) Leia o texto.

O bicho-preguiça vive pendurado nas árvores e é o mamífero mais lento do mundo. Sua velocidade é de cerca de 2 metros por minuto.

(Retirado do *Atlas infantil dos animais em seus habitats*, São Paulo: Girassol; Madrid: Susaeta Ediciones, 2007.)

O bicho-preguiça tem esse nome porque é um animal:

a) ☐ muito rápido.

b) ☐ muito lento.

c) ☐ muito comprido.

d) ☐ muito pequeno.

6. (PNAIC) Leia o texto abaixo e, a seguir, responda.

Grupo A

- A imagem do coração, no centro do cartaz, está no lugar da palavra:

a) ☐ amo.

b) ☐ pulo.

c) ☐ corro.

d) ☐ brinco.

JOGO 1 – MEMÓRIA

Fotos: Thinkstock/Getty Images

······ recorte

JOGO 2 – DOMINÓ

Fotos: Thinkstock/Getty Images

······ recorte

JOGO 3 – BINGO

BINGO

...... recorte

JOGO 4 – *STOP*

Letra	Nome de pessoa	Nome de fruta	Nome de animal

······ recorte